本书获得广东石油化工学院知识产权产业学院教学团队立项资助（TDPY201941），特此鸣谢

典型法律案例实证研究

广东法学教育实践基地成果集

马波　陈星　彭华

主　编

暨南大學出版社
JINAN UNIVERSITY PRESS

中国·广州

图书在版编目（CIP）数据

典型法律案例实证研究：广东法学教育实践基地成果集 / 马波，陈星，彭华主编. —广州：暨南大学出版社，2020. 11
ISBN 978 - 7 - 5668 - 2940 - 5

Ⅰ. ①典… Ⅱ. ①马…②陈…③彭… Ⅲ. ①法律—案例—汇编—中国 Ⅳ. ①D920. 5

中国版本图书馆 CIP 数据核字（2020）第 133061 号

典型法律案例实证研究——广东法学教育实践基地成果集
DIANXING FALU ANLI SHIZHENG YANJIU——GUANGDONG FAXUE JIAOYU SHIJIAN JIDI CHENGGUOJI
主编：马 波 陈 星 彭 华

出 版 人：张晋升
策划编辑：杜小陆
责任编辑：黄志波 朱良红 傅 迪
责任校对：张学颖 陈俞潼
责任印制：汤慧君 周一丹

出版发行：暨南大学出版社（510630）
电 话：总编室（8620）85221601
营销部（8620）85225284 85228291 85228292 85226712
传 真：（8620）85221583（办公室） 85223774（营销部）
网 址：http：//www. jnupress. com
排 版：广州良弓广告有限公司
印 刷：佛山市浩文彩色印刷有限公司
开 本：787mm × 1092mm 1/16
印 张：12
字 数：172 千
版 次：2020 年 11 月第 1 版
印 次：2020 年 11 月第 1 次
定 价：49. 80 元

广东石油化工学院—广东诚挚律师事务所法学教育实践基地

根据广东省教育厅《关于公布2015年广东省本科高校教学质量与教学改革工程立项建设项目的通知》（粤教高函〔2015〕133号），广东石油化工学院—广东诚挚律师事务所法学教育实践基地自2015年8月开始立项建设。2019年6月，根据广东省教育厅《关于公布“教学质量与教学改革工程”建设项目2018年度验收结果的通知》（粤教高函〔2019〕74号），项目验收合格，基地获得“广东省大学生实践教学基地”称号，有效期为5年。这本即将出版的《典型法律案例实证研究：广东法学教育实践基地成果集》就是我们共同合作的物化成果之一，同时也是马波教授主持的广东石油化工学院知识产权产业学院教学团队（TDPY201941）的最新教研成果。

省大学生实践教学基地

我校法学专业已与广东诚挚律师事务所确立了全面合作伙伴关系，并先后建立了毕业生见习、就业、创业与实践教学基地，可以满足卓越法律人才培养的需要。2012 年 12 月我校和广东诚挚律师事务所协商一致，同意在该所建立“广东石油化工学院毕业生就业见习基地”，并对双方的权利义务责任列明在案，已签订“毕业生就业见习基地协议书”。2014 年 7 月我校与诚挚所协商一致，同意在该所挂牌建立“大学生校外实践教学基地”，已签订“法学教学科研实践基地建设协议书”。2018 年 10 月，法学专业在广东诚挚（广州）律师事务所建立“就业创业基地”，双方战略合作自此进入“双城”（广州、茂名）新时代。

校法学实践教学基地

自 2014 年 10 月起，文法学院与诚挚所签订“诚挚律师所奖学金”捐赠协议，并举办了“诚挚律师所奖学金”发放仪式，共有 300 余名学生获得诚挚所奖学金，共发放奖学金 12 万元。2020 年 5 月，文法学院与诚挚所续约签订“诚挚律师所奖学金”捐赠协议，继续开展奖学金合作 6 年。一直以来，广东诚挚律师所与我校有着良好的合作关系，该所共有 6 位律师先后毕业于我校法学专业，分别是何火日律师（2008 届）、张莹莹律师（2008 届）、王秀华律师（2008 届）、陆世增律师（2009 届）、谢安凤律师

（2016 届）、何嘉敏律师（2016 届），他们都为该所执业律师，具有较为丰富的法律知识和优越的工作能力，在法律实践方面的出色表现得到了律师所以及客户的高度认可。其中，何火日律师现为广东诚挚（广州）律师事务所执行合伙人，法学专业的孙丽华教授、谭宇生博士、陈铨禄老师以及邱雪璐老师都是该所的兼职律师，而该所的彭华律师、陈星律师也是文法学院的客座教授，可以说，这种师资之间的互动交流充分实现了教与学之间的双向融合。

诚挚律师所奖学金发放

广东诚挚律师事务所始创于 1996 年 2 月，是经省司法厅批准设立的茂名地区最早的合伙制律师事务所之一，已经取得国家商标代理资格。总所位于茂名东汇城，办公场所有 1 000 多平方米，地理环境十分优越，配备现代化的办公设备，拥有独立的党建工作室、律师调解工作室、洽谈室、大型多媒体会议室、专业的局域网以及专门网站。该所现有一批高素质的法律人才，包括 60 余名专职执业律师、实习律师和律师助理，主要骨干律师执业多年，有较深的法学理论基础和丰富的执业经验，深得社会各界的好评。创始合伙人彭华律师现为茂名市第八批优秀专家和拔尖人才，“2011—2014 年度全国优秀律师”，茂名市律师协会名誉会长，茂名市第十二届人大常委，立法咨询专家。陈星主任现为茂名市第九届政协常委，茂名市律师协会第七届副会长，茂名市人大常委第三届立法咨询专家，茂名市规划委员会委员，广东省律师协会公司法律顾问委员会委员。2011 年 8 月经广东省司法厅批准成立了广州分所，广州分所位于广州市南沙区富佳中街，办公场所有 500 多平方米，总所派驻分所的律师有多年从业经验及较深的法学理论知识。

根据我校“培养人格健全、基础扎实、实践能力强，具有创新精神的应用型高级专业人才”的培养目标，以及法学专业的实际情况，我们将重点改革教学课程体系，着力培养创新实践能力强、综合素质高、能为区域地方法治服务的应用型、复合型法律人才。采取“走出去，请进来”的办法，由校内外指导教师共同开设模拟法庭、行政法律实务、民法实务等多项实务课程，在教学方法上不断实行改革，注重案例教学和法律实践教育，注重法律实际操作技能的训练。通过加强与诚挚律师所的协同创新，创造法学专业学生多接触高端、非诉讼、涉外法律业务的机会，使学生通过实际参与办案，对司法程序有切实了解，提高学生从事法律职业所必需的寻找运用法律的能力、认知案件事实的能力、法律推理能力、法律文书写作能力和沟通协调能力等多重法律实践技能，实现我校“卓越法律人才”的培养目标。

目 录

刑事案例

行政案例

民商事案例

建设工程施工合同违约责任认定

——M 建筑集团有限公司与 D 市 HD 房地产开发有限公司纠纷案

彭　华

一、当事人和代理律师的基本情况

抗诉机关：广西壮族自治区人民检察院

申诉人（一审原告、反诉被告、二审上诉人）：M 建筑集团有限公司（以下简称 M 建筑公司）

委托诉讼代理人：彭华、廖业诗，广东诚挚律师事务所律师

被申诉人（一审被告、反诉原告、二审被上诉人）：D 市 HD 房地产开发有限公司（以下简称 HD 房地产公司）

二、案情概况

（一）案由

建设工程施工合同纠纷。

（二）基本案情

HD 房地产公司与 M 建筑公司于 2009 年 9 月 29 日签订《建设工程施工合同》，组成合同的文件包括第一部分协议书、第二部分通用条款和第三部分专用条款等。第一部分协议书约定 HD 房地产公司将××国际家电城 17 号、18 号、19 号、20 号楼及地下室、商铺的土建装饰及水电安装工程，建筑面积约47 900平方米以及保修期间的维修发包给 M 建筑公司承担。承包范围：××国际家电城 17 号、18 号、19 号、20 号楼及地下室、商铺，地基与基础、主体结构、建筑装饰、建筑屋面、建筑给排水、建筑电

气、本小区市政道路及地下管网、人防工程、钢结构（其中基坑支护、土方开挖、土方外运另行签订合同）。建筑供电设备、门窗、消防、园林由发包人另行发包，合同工期按日历天数，从开工到竣工共计385天。若因发包人原因不能按时完成备案，工期顺延。合同价款暂定为500万元。关于合同工期双方约定，开工日期以发包人书面通知为准，竣工日期以承包方竣工报告为准（须经发包方签字确认），合同工期为385天。第二部分为通用条款。第三部分专用条款约定双方一般权利义务、施工组织设计和工期、质量与验收、合同价款与支付、材料设备供应、工程变更、竣工验收与结算、违约、索赔和争议等内容。其中监理工程师的职权见补充条款；承包人每月28日前提供施工产值报表，施工计划根据发包人要求具体制订月或季度计划；甲方分包工程，乙方提供水电接驳，配合资料归档，甲方将按分包工程总价的3%向乙方支付工程总包配合费；工程师确认时间：上报计划后七天内；工期延误按通用条款第13条执行。合同价款采用可调价格合同，以建设工程工程量清单计价规范（GB50500—2008）、广西建筑装饰工程消耗量定额（2005）、广西壮族自治区安装工程消耗量定额（2005）、全统安装工程预算定额广西单位估价表（2005）、广西市政工程消耗量定额（2007）、广西园林绿化工程消耗量定额（2005）为依据，各项费率按当地政府造价部门公布信息价，无信息价或缺项单价采取上级政府造价部门公布价；政府造价部门指导信息价缺项时双方结合市场价进行确认，按实际发生的确认价格调整。

工程款支付（第15条）约定：

（1）2009年度承包方垫资施工，2010年春节前乙方做到地下室结构封顶，发包方支付100万元给承包方作为工人工资。

（2）完成主楼结构二层梁板浇筑时，15日内发包方支付累计完成工程进度工程款的75%给承包方。

（3）主体结构二层梁板结构以上部分，发包方每月根据上报的工程进度月报表核定本期应付工程进度款（付款比例为本月完成进度的75%），工程进度款按月支付，每次工程进度款支付的时间审批后至支付不超过7个工作日。

（4）建筑竣工验收合格后15日内，甲方付到总工程款的85%，乙方提供备案资料（不含甲方及甲方另行分包的备案资料），接收后7日内，甲方付到总工程款的90%，双方在竣工验收之日1个月内办理完成结算后，3个月内支付工程款至结算价款的97%给承包人。余下3%保修金以分期支付的方式返还承包人，工程保修满1年后1个月支付保修金67%，其余的保修金于保修满3年后1个月内支付。违约责任按第24条、第26.4款、第33.3款、第14.2款、第15.1款规定执行；发包人的其他违约责任：发包人超过60天不能按时支付工程款，从第61天起按承包人同期向银行贷款利率支付拖欠工程款及利息，承包人的其他违约责任按相应的通用条款规定执行。

施工合同签订后，M建筑公司根据HD房地产公司的开工令于2009年12月31日开工，双方开始履行职责。2010年9月21日，HD房地产公司（甲方）与M建筑公同（乙方）签订《补充协议》，约定由于乙方未按2009年10月甲乙双方签订建设施工合同专业条款第15条中要求完成工程节点目标，乙方因资金困难工程不能顺利进行施工。为保证工程能继续顺利地施工，经甲乙双方友好协商达成一致意见，订立该协议，决定如下：

一、乙方自愿在××国际家电城一期工程项目工程审定后的决算总额中扣除25万元整（其中5万元整作为违反上述合同的补偿金，另外20万元整作为工地小孩伤害事故赔偿金）。

二、甲方同意在前期已支付了250万元整工程进度款的基础上再按如下约定提前分期支付工程进度款项：2010年9月21日支付人民币50万元整；2010年9月29日前支付人民币50万元整；2010年10月15日前支付人民币100万元整；2010年10月28日前支付人民币80万元整。甲方支付的工程款只能用于本工程项目，甲方对于已支付的工程款享有监管权，乙方保证此进度款用于完成17号楼、18号楼二层裙楼封顶。如发现乙方将已支付的工程款用于其他项目，甲方有权立刻停止对乙方工程款的预支。本协议第一条中补偿费继续执行。补充协议签订后，双方按该协议履行完毕。

2010年11月30日，HD房地产公司（甲方）与M建筑公司（乙方）又签订了《××国际家电城一期工程项目合同补充协议》，约定甲乙双方同意按照附件（2010年11月28日所报的）《总工程进度计划表》中各个节点时间完成分项工程和单体工程及合同约定的所有工程内容。主体结构铜筋砼梁柱板墙工程节点按附件（2010年11月28日所报的）《总工程进度计划表》中每层节点开始时间与结束时间控制完成，每个楼层未能按时间完成的罚款2 000元整，并可累加罚款。未能按时间封顶的罚款1万元整。若每栋楼按期封顶，则该累加罚款免除。17号、18号楼砌体工程进度款按以下节点完成，17号、18号楼内外墙抹灰按以下时间节点完成，19号、20号楼工程进度款按以下时间节点完成，零星工程结束时间按周进度计划时间结束，每延迟1日罚款1 000元整，以此类推。各单位主体结构钢梁柱板墙封顶时间，除19号、20号楼外其他楼按附件（2010年11月28日所报的）《总工程进度计划表》中每个单体节点时间封项（但19号、20号楼主体封项必须在2011年1月12日之前），每延迟1天罚款1万元。每月进度款支付方式：甲方根据甲乙双方确认的月进度款的85%为乙方月进度应得款。各栋号结构全部封顶10日内，甲方付清各栋号全部钢筋混凝主结构部分90%的工程款。每月进度款（月进度款提前7天报）在甲方接到乙方的进度报表后10天内与乙方核对并予以付款。如果甲方未能按时审核乙方的进度报表或未能按时支付工程进度款，每超期一天付款2 000元。乙方须严格按各个节点工程进度进行施工。单体竣工时间（即2010年11月28日所报的总进度计划的工期：17号楼2012年1月30日竣工交付使用；18号楼2012年1月30日竣工交付使用；19号楼2011年9月28日竣工交付使用；地下室2011年10月15日竣工交付使用）每延迟1日罚款2万元，以此类推。如乙方提前一个月竣工交付，甲方可给乙方奖励6万元整。三个月内完成资料备案交接每延迟1日罚款2 000元。该工程实行工程监理，HD房地产公司先后委托两个监理单位：2009年12月31日工程开工至2012年3月由广西××工程建设监理有限公司监理，2012年4月之后由广西××工程咨询有限公司监理。M建筑公司于2012年3月份、4月份分别向监理公司申报工程进度款1 200多万元，监理单位认为M建筑公司不按实际进度上报3月份、4月份的工程进度，且4月份上报的工程支付申报表大小写不符，监理公司通知M建筑公司重新申报，M建筑公司拒绝重新申报，监理公司于5月30日通知M建筑公司来人核对3月份、4月份的工程量，M建筑公司未派人来监理公司进行现场核对工程量，监理公司于2012年6月1日审核3月份进度款为864 264.91元，M建筑公司不予认可，要求监理公司重新审核。M建筑公司于2012年5月14日发出停工通知，称“由M建筑公司总承包的××国际家电城一期项目，因建设方不能依照合同约定履行工程款支付义务，现决定本工程即日起宣告停工。为了加强工地的物品、设备保护，做好防火防盗工作，工地将增加保安管理。停工期间，非工地关联人员非经施工单位保安允许，均不能进入工地”。HD房地产公司于2012年5月17日向M建筑公司发出履行合同催告函，认为M建筑公司未能按协议完成工程竣工验收，又于2012年5月14日无理由宣布停工，催告M建筑公司在收到催告函后2天内恢复施工，若逾期HD房地产公司有权解除双方签订的建设工程施工合同；并要求M建筑公司支付巨额违约金和赔偿金。HD房地产公司于2012年6月1日又发出一份催告函，要求M建筑公司17号、18号楼及地下室必须在2012年6月15日前竣工交付使用，否则HD房地产公司直接解除合同。M建筑公司于2012年6月7日复函称，不可能在6月15日竣工交付使用，至于合同解除，必须有解除的合理条件，没有解决好合同纠纷、办理好竣工结算之前，任何单位不可能进场施工。2012年6月16日HD房地产公司向M建筑公司发出解除合同通知书，同年6月18日M建筑公司收到通知书后，于同年6月21日向HD房地产公司发出不同意解除合同的函，HD房地产公司拒收。M建筑公司于2012年7月18日向法院提起诉讼，诉讼过程中，双方于2012年11月8日达成协议：HD房地产公司支付M建筑公司工程款330万元；M建筑公司在20天内退场并移交所有工程验收备案资料。协议签订后，双方按协议履行完毕。2012 年 3 月 9 日前，双方确认 HD 房地产公司已付 M 建筑公司工程款 54 303 943.62 元，2012 年 5 月 7 日前，双方确认 HD 房地产公司再付 M 建筑公司工程款2 399 465.14元，其中 495 465.14元通过债务转让方式支付，合计已付工程款 56 703 408.76元。2012 年 11 月 28 日前 HD 房地产公司支付 M 建筑公司工程款330 万元，合计支付工程款60 003 408.76 元。后 19 号、20 号楼于 2011 年 12 月 31 日竣工验收，17 号、18 号楼及地下室在 M 建筑公司于 2012 年 5 月 14 日停工及同年 11 月 28 日撤场为止均未完工。后由其他公司完成施工，于 2013 年 1 月 29 日竣工验收。

M 建筑公司向一审法院起诉请求：

（1）确认 HD 房地产公司于 2012 年 6 月 18 日向 M 建筑公司送达的《解除合同通知书》无效；

（2）HD 房地产公司向 M 建筑公司支付应付未付工程款 3 825 000元及利息（按同期银行贷款利率计算），支付因延迟支付工程款的违约金 1 551 611.85 元；

（3）HD 房地产公司立即向 M 建筑公司支付因逾期支付进度款造成的机械台班闲置费 282 354.95 元；请求法院将本工程依法折价或拍卖，M 建筑公司具有优先受偿权；

（4）由 HD 房地产公司承担本案全部诉讼费用。

HD 房地产公司反诉请求：

（1）请求法院依法确认双方签署的 GR－1999－0201《建设工程施工合同》及《××国际家电城一期工程项目合同补充协议》《补充协议书》已于 2012 年 6 月 18 日解除；

（2）判令 M 建筑公司支付工程款违约金 18 884 000 元（计算至 M 建筑公司撤离施工现场为止）；

（3）本案全部诉讼费用由 M 建筑公司承担。

在案件审理过程中，一审法院委托北京××工程造价咨询有限责任公司对××国际家电城 17 号、18 号、19 号、20 号楼及地下室、商铺工程项目的造价进行鉴定。经审核，作出京永工审字

（2013）第ZE－003号鉴定报告，鉴定结果："××国际家电城17号、18号、19号、20号及地下室商铺工程项目已竣工的工程造价为61 890 700.69元（未包含上述检验试验费、地下室人防工程费、总包配合费、维修费、建设方用电费及补充协议扣款）。"M建筑公司收到后提交了《请人民法院通知鉴定机构对〈工程造价鉴定报告〉中存在问题进行修正的申请》及其附件，HD房地产公司提交的《对鉴定公司鉴定报告的意见》一审法院已转交鉴定公司，鉴定公司作出关于对《工程造价鉴定报告》异议的回复函，对双方提出的异议作了统一说明，认为鉴定是在有效证据资料的基础上作出的。

（三）案件审理经过

案件经D市人民法院一审审理后判决：

（1）M建筑公司与HD房地产公司签订的《建设工程施工合同》及《××国际家电城一期工程项目合同补充协议》《补充协议书》于2012年6月18日解除。

（2）HD房地产公司支付M建筑公司违约金11万元、工程款937 291.93元及利息（利息计算：从2012年7月18日起计至本案生效判决确定的履行期限最后一日止）。

（3）M建筑公司支付HD房地产公司误期违约金1 226万元。

（4）驳回M建筑公司的其他诉讼请求。

（5）驳回HD房地产公司的其他反诉请求。案件受理费118 180元，由M建筑公司负担95 578元，HD房地产公司负担22 602元；反诉案件受理费67 552元，由M建筑公司负担43 857元，HD房地产公司负担23 695元。鉴定费42万元，由M建筑公司负担339 674元，HD房地产公司负担80 326元。

M建筑公司不服一审判决提起上诉，案件经FCG市中级人民法院二审审理后判决：

（1）维持D市人民法院（2012）东民初字第44号民事判决第一项、第二项、第四项及第五项。

（2）变更D市人民法院（2012）东民初字第44号民事判决

第三项为：上诉人 M 建筑公司支付被上诉人 HD 房地产公司误期违约金 1 006 万元。一审、二审本诉案件受理费各 118 180 元，共计 236 360 元，由上诉人 M 建筑公司负担 191 156 元，被上诉人 HD 房地产公司负担 45 204 元；一审、二审反诉案件受理费共计 132 104元，由上诉人 M 建筑公司负担 70 376 元，被上诉人 HD 房地产公司负担 61 728 元；鉴定费 42 万元，由上诉人 M 建筑公司负担 339 674 元，被上诉人 HD 房地产公司负担80 326元。M 建筑公司不服一审、二审判决，向广西壮族自治区人民检察院申诉。广西壮族自治区人民检察院作出桂检民监（2016）151 号民事抗诉书，向广西壮族自治区高级人民法院提出抗诉，广西壮族自治区高级人民法院作出（2016）桂民抗 82 号民事裁定，提审本案。

三、争议焦点和分歧

本案的争议焦点：

（1）讼争的工程造价是多少，京永工审字（2013）第 ZE－003 号鉴定报告能否作为认定涉案工程款的合法依据。

（2）工程进度款支付情况如何，争讼双方在合同履行过程中哪一方违约。

（3）应否扣减客观原因造成 M 建筑公司的工期延误。

（4）M 建筑公司逾期完工违约金是否过高，如过高该如何调整。

四、律师代理意见和各方观点

（一）抗诉机关的意见

第一，FCG 市中级人民法院（2014）防市民一终字第 414 号民事判决认定的基本事实缺乏证据证明，适用法律确有错误。

该判在鉴定报告明确说明部分工程未包含的情况下，以鉴定价格为最终工程造价并据此计算 HD 房地产公司已付工程款的比例和认定违约责任，认定事实不清，适用法律错误。本案中，××工程造价咨询有限责任公司所出具的京永工审字（2013）第 ZE－003 号《工程造价鉴定报告》，其鉴定结论为："××国际家电城 17 号、18 号、19 号、20 号楼及地下室、商铺工程项目已竣工的工程造价为 61 890 700.69 元（未包含上述检验试验费、地下室人防工程费、总包配合费、维修费、建设方用电费及补充协议扣款）。"对于上述鉴定报告中列明的未包含部分即检验试验费、地下室人防工程费、总包配合费以及未列明的防雷工程款等，M 建筑公司在原审过程中提出该部分应当属于工程总造价的主张，并提交工程联系单、工程变更签证单、防雷工程预算及报验申请表等证据，证实其实际承担了地下室人防工程、防雷工程等分项工程，且多次提出重新鉴定和补充鉴定的申请，原审法院未予准许亦未书面答复。本案工程造价问题涉及 HD 房地产公司支付的进度款是否符合约定的比例、HD 房地产公司是否应当承担逾期支付工程款的责任、M 建筑公司以 HD 房地产公司违约支付工程款停工是否合法，以及 HD 房地产公司是否应该赔偿 M 建筑公司的停工损失等重大问题，根据涉讼合同的约定、鉴定报告以及 M 建筑公司提供的证据等，检验试验费、地下室人防工程费、总包配合费、防雷工程款等应当归属于本案涉讼工程总造价，系本案涉讼工程造价中不可分割之一部分。在鉴定过程中因证据问题无法鉴定而 M 建筑公司提出补充鉴定的情况下，原审法院应当基于查清事实，正确适用法律的需要而允许补充鉴定，并根据现有证据依据优势证据原则作出认定、原判未虑及查清涉讼工程总造价的必要性及 M 建筑公司另案主张的困难与讼累，仅以"现有证据无法查实 M 建筑公司可另案主张"为由，将未包含多项工程款的鉴定结论作为本案涉讼工程的最终总造价，其所认定的基本事实缺乏证据证明。

第二，原判判令 M 建筑公司应向 HD 房地产公司支付从约定的竣工之日起至合同解除之日止的违约金，其所认定的基本事实缺乏证据证明，适用法律错误。

（1）原判认定 HD 房地产公司未存在迟延支付工程款的事实，且在计算 M 建筑公司逾期完工天数时未将 HD 房地产公司逾期审核天数予以扣除，其所认定的基本事实缺乏证据证明，适用法律错误。M建筑公司于2011年6月24日向HD房地产公司提出工程款支付的异议并提出工程预算核对、进度款确认和支付要求，但直至2011年8月8日HD房地产公司方与M建筑公司进行核对确认。经双方核对，2011年7月26日止完成工程量进度款为34 719 143.28元，但至2011年8月8日前，HD房地产公司支付的进度款仅为31 825 929.32元，两者相差2 893 213.96元，且核对中尚有多项未计项。显然，HD房地产公司有迟延支付工程款之事实存在。原判认定“自2010年11月30日至2012年3月27日，HD房地产公司不存在迟延审核或支付工程款的情形”与事实不符，导致双方的违约责任未能厘清，其所认定的基本事实缺乏证据证明，适用法律错误。

（2）原判以M建筑公司未提出工期顺延申请为由而对客观发生的造成工期延长的事实未予认定，将因各方综合原因造成工期延误的责任归由M建筑公司一方承担，有违公平原则，其所认定的基本事实缺乏证据证明，适用法律错误。M建筑公司在原审过程中主张设计变更、工程量增加、HD房地产公司没有回复或没有签证答复工作联系单、部分分项工程由HD房地产公司分包给其他人施工，于事实上存在分包方部分影响M建筑公司施工工期等影响施工进度的情形，并提供《工作联系单》、《施工签证》、设计变更目录和图纸等证据证实，其虽未按照涉讼合同的约定向工程师提出工期顺延申请，然造成工期延长为客观之事实，亦属于涉讼合同约定的顺延工期的合理事由。未申请工期顺延仅表明双方未达成工期顺延天数的合意，原审法院理当根据相关的证据对造成工程延期而应当予以扣除的天数作出认定，在计算M建筑公司逾期天数时予以扣除，从而正确厘清双方各自的违约责任。原判以M建筑公司未提出工期顺延申请为由而对客观发生的造成工期延长的事实未予认定，将因各方综合原因造成工期延误的责任归由M建筑公司一方承担，有违公平原则，其所认定的基本事实缺乏证据证明，适用法律错误。

（3）原判在尚未查清HD房地产公司因M建筑公司逾期完工

所造成的实际损失之情形下，而对 HD 房地产公司要求 M 建筑公司支付违约金的诉请予以支持，对 M 建筑公司主张违约金过高而要求予以调整的诉请未予支持，有违公正原则，其所认定的基本事实缺乏证据证明，适用法律错误。本案中，HD 房地产公司反诉请求 M 建筑公司按照双方合同约定支付违约金，M 建筑公司主张违约金过高而请求予以调整。根据《中华人民共和国合同法》第一百一十四条第一款、第二款关于“当事人可以约定一方违约时应当根据违约情况向对方支付一定数额的违约金，也可以约定因违约产生的损失赔偿数额的计算方法”“约定的违约金低于造成的损失的，当事人可以请求人民法院或者仲裁机构予以增加；约定的违约金过分高于造成的损失的，当事人可以请求人民法院或者仲裁机构予以适当减少”之规定，以及《最高人民法院关于适用〈中华人民共和国合同法〉若干问题的解释（二）》第二十七条关于“当事人通过反诉或者抗辩的方式，请求人民法院依照合同法第一百一十四条第二款的规定调整违约金的，人民法院应予支持”之规定，第二十八条关于“当事人依照合同法第一百一十四条第二款的规定，请求人民法院增加违约金的，增加后的违约金数额以不超过实际损失额为限。增加违约金以后，当事人又请求对方赔偿损失的，人民法院不予支持”之规定，第二十九条“当事人主张约定的违约金过高请求予以适当减少的，人民法院应当以实际损失为基础，兼顾合同的履行情况、当事人的过错程度以及预期利益等综合因素，根据公平原则和诚实信用原则予以衡量，并作出裁决”“当事人约定的违约金超过造成损失的百分之三十的，一般可以认定为合同法第一百一十四条第二款规定的‘过分高于造成的损失’”之规定，原判在尚未查明 HD 房地产公司因 M 建筑公司逾期完工造成的实际损失及 HD 房地产公司所主张的违约金是否过分高于 M 建筑公司所造成的损失，且 M 建筑公司主张违约金过高而诉请予以调整之情形下，径行将涉讼合同约定的节点逾期罚款、封顶逾期罚款、竣工逾期罚款等累加罚款，调整为按照竣工逾期罚款计算违约金，既有违涉讼合同之约定，亦缺乏违约金过分高于或过分低于造成损失之事实基础，有违公正原则，其所认定的基本事实缺乏证据证明，适用法律错误。同时，原判采信鉴定结论认定工程总造价为61 890 700.69元，其擅自调整后的违约金计为1 006万元，占工程总造价的16.25%，与建设工程行业的一般利润率相比较来看，违约金同样明显过高，有违违约金的补充性质与有限度惩罚之性质。

（二）申诉人M建筑公司代理人的意见

同意检察机关的抗诉意见。另补充：

（1）HD房地产公司存在拖欠工程进度款的事实，主要体现为拖欠了三笔工程进度款，且在M建筑公司申请工程进度款过程中，HD房地产公司故意减压工程进度款要求M建筑公司重新申报，导致工期延误，原审对此已认定HD房地产公司对M建筑公司申请工程进度款的审核已延误55天。

（2）M建筑公司提供了案涉工程期间的气象情况及建设局的通知证明因天气环境造成了工期延误的情形，对于这一客观事实理应认定，并扣除延误天数。

（3）涉案工程工期延误是因HD房地产公司拖欠工程进度款和增加工程量及设计变更所致，对于工期依法应予以顺延。

（4）地下停车场不应独立计算违约金。鉴于地下停车场是案涉工程的地基部分，是案涉工程整体构成的不可分割部分，如单独计算，就会产生重复计算的问题。

（三）申诉人HD房地产公司代理人的意见

1. 鉴定报告程序合法，应作为本案定案依据

关于讼争工程造价及尚欠工程款具体数额的问题。M建筑公司主张，HD房地产公司逾期未审核M建筑公司送审的三月份、四月份进度款，按约工程造价应以M建筑公司报送的工程价款为依据，结合鉴定造价，工程总价款应为602 500 069元。根据现查明的事实，监理单位收到M建筑公司报送的三月份、四月份进度款申请后便进行了审查，后多次要求M建筑公司重新申报，但经M建筑公司多次申报仍与监理单位认定的实际施工工程量存在较大差距，双方的行为即是处于审核过程中，因此，M建筑公司主

张应以其提交的工程量作为计算工程价款的依据无依据。一审审理过程中，鉴定机构依据M建筑公司与HD房地产公司提供的资料，就工程造价出具鉴定报告（初审稿）后，M建筑公司与HD房地产公司均就鉴定结论提出书面意见，鉴定机构再次出具鉴定报告征求意见稿后，再核查双方再次提供的征求意见，并在一审法院的组织下分别与双方当事人对涉案工程造价进行面对面的核对，最终出具鉴定报告。鉴定报告对未予鉴定部分亦进行了说明。M建筑公司主张鉴定报告不全面、不完整，应将检验试验费、人防工程款、总包配合费、维修费等包括在内，但其并未提供相应证据予以证明鉴定结论存在错误的情形，原审法院对鉴定报告的内容予以采信正确。关于防雷工程款及临建围墙款，因根据现有证据无法查实防雷工程款，且临建围墙款并非双方确定的《建设工程施工合同》及补充协议包含的施工范围，原审法院不予处理该两项请求并无不当，M建筑公司可以另案主张。关于工程价款变更问题。根据约定，M建筑公司应就工程价款的变更向工程师申请确认，但其并未提供证据证明提出变更报告，故一审法院不予支持正确。根据鉴定报告，M建筑公司施工完成的工程总造价计为61 890 700.69元。

2. HD房地产公司已按约定支付了工程进度款，不存在违约行为

合同是双方真实意思的表示，没有违反法律法规的情形，应按照合同约定对本案进行处理。依照原审法院已查明的事实，结合鉴定报告认定的工程造价分析，HD房地产公司支付进度款已满足合同约定的比例，不存在付款违约的事实。

3. M建筑公司应支付1 006万元逾期完工违约金给HD房地产公司

根据合同约定，发生可顺延工期的事由，M建筑公司应向工程师提出申请，经确认后工期相应顺延。恶劣天气并不属于合同约定的顺延工期的事由。HD房地产公司没有回复或没有签证回复工作联系单及设计变更，并不当然延长工期。M建筑公司并未提供证据证明工程量增加导致工期延误及所延误的天数。M建筑公司以存在设计变更、工程量增加、恶劣天气影响施工进度、HD

房地产公司没有回复或没有签证答复工作联系单、HD 房地产公司未足额支付进度款影响工期超过 60 天、原审法院认定 HD 房地产公司不按时支付工程款 55 天等可顺延工期的事由为由主张顺延工期依据不足。本案中，对工期延误违约金的计算具体为：19 号、20 号楼，违约金为 376 万元；17 号、18 号楼，违约金为 420 万元；地下室，违约金为 210 万元。综上，工期延误违约金共计 1 006 万元。

五、审理结果和理由

本案经广西壮族自治区高级人民法院再审审理判决：

（1）撤销 FCG 市中级人民法院（2014）防市民一终字第 414 号民事判决。

（2）维持 D 市人民法院（2012）东民初字第 44 号民事判决的第一项、第四项、第五项。

（3）变更 D 市人民法院（2012）东民初字第 44 号民事判决的第三项为 HD 房地产公司支付 M 建筑公司违约金 11 万元、工程款 937 291. 93 元及利息（利息计算：从 2012 年 7 月 18 日起计至本案生效判决确定的履行期限最后一日止，按中国人民银行同期同类贷款利率分段计付）。

（4）变更 D 市人民法院（2012）东民初字第 44 号民事判决的第三项为：M 建筑公司支付 HD 房地产公司误期违约金 1 006 000元。一审、二审本诉案件受理费 236 360 元，一审、二审反诉案件受理费 132 104 元，鉴定费 42 万元，共计 788 464 元，由双方各自负担 50%，即由 M 建筑公司负担 394 232 元，由 HD 房地产公司负担 394 232 元。判决理由为：

（一）关于讼争工程造价是多少，鉴定报告能否作为依据的问题

鉴定机构是依据 M 建筑公司与 HD 房地产公司提供的资料而作出的鉴定意见，此后，M 建筑公司与 HD 房地产公司均就此鉴定意见各自提出书面意见，在此情况下鉴定机构再次出具鉴定报告征求意见稿，亦核查了双方提供的意见，并在一审法院的主持

下与双方对涉案工程造价进行了核对后，最终出具了鉴定报告，该鉴定报告的形成程序合法，符合相关法律规定。M 建筑公司主张该鉴定报告不完整，应将检验试验费、人防工程款、总包配合费、维修费等包括在内，但未能提供证据推翻鉴定报告的意见，且因双方尚未进行结算，亦未达成工程总造价的一致意见，原审法院以鉴定报告作为认定讼争工程造价的依据并无不当。据此，HD 房地产公司还需支付给 M 建筑公司 937 291.93 元工程款及相应利息，但原审法院对于利息的计算标准未予以明确欠妥，本院依法予以纠正，依照《最高人民法院关于审理建设工程施工合同纠纷案件适用法律问题的解释》第十七条的规定，HD 房地产公司应按照中国人民银行同期同类贷利率分段计付尚欠工程款的利息给 M 建筑公司。

（二）关于工程进度款支付情况以及在合同履行过程中哪一方违约的问题

M 建筑公司于 2012 年 3 月 27 日申请 3 月份进度款，HD 房地产公司至 2012 年 6 月 1 日才审核确定工程进度款，HD 房地产公司客观上存在迟延审核、支付工程进度款的违约行为，且一审法院确认 HD 房地产公司迟延支付工程进度款 55 天，并判决 HD 房地产公司因此向 M 建筑公司支付其延期审核或延期支付工程进度款违约金 11 万元，HD 房地产公司亦未对此提出上诉，应视为其对此已服判。由此，HD 房地产公司确实存在迟延支付工程进度款的违约行为。从查明的事实来看，M 建筑公司亦存在 17 号、18 号楼及地下室逾期完工 105 天，19 号、20 号楼逾期完工 94 天的违约行为。因此，本案中，M 建筑公司与 HD 房地产公司双方均存在违约行为，依照《中华人民共和国合同法》第一百二十条“当事人双方都违反合同的，应当各自承担相应的责任”的规定，M 建筑公司与 HD 房地产公司应各自承担相应的违约责任。

（三）关于应否扣客观原因造成的 M 建筑公司的工期延误问题

M 建筑公司主张因下雨以及设计变更、工程量增加等导致工期延误，应予以顺延，但其并未能充分举证证明其主张符合双方合同的约定及相关法律规定，本院对M建筑公司的这一主张，依法不予支持。

（四）关于M建筑公司逾期完工违约金是否过高，如过高该如何调整的问题

依据案涉鉴定报告的意见，本案工程总造价为61 890 700.69元，如原审判决将M建筑公司逾期完工的行为按照双方合同的约定进行处理，则违约金计算为1 006万元，达到工程总造价的16.25%，而建筑业作为微利行业，利润率一般不超过3%，双方对于M建筑公司逾期完工的违约金的约定显然过高；加上HD房地产公司对其损失问题，如逾期完工导致其违约交房给购房者或因此导致的退房损失等并未能举证证明，且M建筑公司也已完成案涉大部分工程。因此，对于M建筑公司提出本案逾期完工违约金过高、请求予以调整的主张，本院依照《最高人民法院关于适用〈中华人民共和国合同法〉若干问题的解释（二）》第二十九条“当事人主张约定的违约金过高请求予以适当减少的，人民法院应当以实际损失为基础，兼顾合同的履行情况、当事人的过错程度以及预期利益等综合因素，根据公平原则和诚实信用原则予以衡量，并作出裁决”的规定予以支持。虽然双方均存在违约行为，但合同对双方各自违约需承担的违约责任的约定差距巨大。M建筑公司逾期完工每延迟1日“罚款”2万元，而HD房地产公司未按时审核进度报表或未能按时支付工程进度款每超期1天“付款”2 000元，双方权利义务明显不对等，依法应予以调整。综合本案的实际情况，并考虑建筑业是微利行业的特点，避免承包人因承担过高违约金导致“倒贴钱”现象的发生，同时为了促进建筑行业健康有序发展，本院将建筑公司逾期完工每延迟1天所需承担的违约金调整为与HD房地产公司未按时审核进度报表或未能按时支付工程进度款每超期1天的违约金一致，即将M建筑公司逾期完工每延迟1天所需承担的违约金调整为2 000元，则M建筑公司所应支付给HD房地产公司的违约金为1 006 000元（2 000元×105天×3+2 000元×94天×2=1 006 000元）。

六、办案小结

M 建筑公司与 HD 房地产公司建设工程施工合同纠纷一案，历经一审、二审、再审，M 建筑公司之所以在一审、二审处于被动局面，其原因与诉讼策略密不可分，很多问题值得深思和总结。

（一）对司法鉴定环节的举证工作要足够重视，以免对诉讼结果产生不利影响

本案中，M 建筑公司在诉讼中主张 HD 房地产公司履行合同违约的最重要一点就是 HD 房地产公司没有依约支付进度款。鉴于没有明确资料足以证明 HD 房地产公司在执行合同过程中存在付款违约行为，则 HD 房地产公司所付的款项是否已满足合同约定的支付比例成为关键，在争讼双方未就工程造价进行结算的情况下，则鉴定机构的造价鉴定意见成为判断的依据。遗憾的是 M 建筑公司在司法鉴定环节未予足够的重视，特别是在鉴定机构依 M 建筑公司与 HD 房地产公司提供的资料作出的鉴定报告不完整，未将检验试验费、人防工程款、总包配合费、维修费等包括在鉴定报告内的情况下，不认真组织相关资料，致鉴定机构再次出具鉴定报告征求意见稿时，仍无法认定前述结算项目的款项，致已确认的工程造价款总额未能证明 HD 房地产公司在执行合同过程中存在付款违约，从而导致全案的诉讼处于被动不利局面。

（二）厘清履约责任是诉讼的关键所在

本案中，结合争讼双方的诉求分析，合同各方是否依约履行是应否承担违约责任的关键所在。就事实而言，HD 房地产公司确实存在违约行为，问题是如何收集证据予以证明；同样，针对 HD 房地产公司主张 M 建筑公司存在违约的情况下，如何举证证明己方存在免责事由亦为关键。在关于应否扣客观原因造成的 M 建筑公司的工期延误问题上，M 建筑公司主张因下雨以及设计变更、工程量增加等导致工期延误，应予以顺延，但其并未能充分

举证证明其主张符合双方合同的约定及相关法律规定，M 建筑公司的这一主张，未能得到法院支持。关于工程进度款支付情况以及在合同履行过程中哪一方违约的问题，广西壮族自治区高级人民法院基于 HD 房地产公司客观上存在迟延审核、支付工程进度款的行为，及 M 建筑公司确实存在逾期完工的事实，从而认定 M 建筑公司与 HD 房地产公司双方均存在违约行为，适用《中华人民共和国合同法》第一百二十条“当事人双方都违反合同的，应当各自承担相应的责任”的规定，厘清界定 M 建筑公司与 HD 房地产公司应各自承担相应的违约责任。

（三）应依法承担违约责任的情况下，应充分适用违约金过高应予调整的法律规定

综观本案的诉讼结果，在对相关事实的认定没有变化的情况下，诉讼结果有天壤之别，其最关键的一点就是违约金过高应予调整问题，是充分适用《最高人民法院关于适用〈中华人民共和国合同法〉若干问题的解释（二）》第二十九条“当事人主张约定的违约金过高请求予以适当减少的，人民法院应当以实际损失为基础，兼顾合同的履行情况、当事人的过错程度以及预期利益等综合因素，根据公平原则和诚实信用原则予以衡量，并作出裁决”的规定的结果。而且合同对双方各自违约需承担的违约责任的约定差距巨大。M 建筑公司逾期完工每延迟 1 日“罚款”2 万元，而 HD 房地产公司未按时审核进度报表或未能按时支付工程进度款每超期 1 天“付款”2 000 元，双方权利义务明显不对等，有违公平原则，依法亦应予以调整。

【专家点评】

此案是因建设工程施工合同纠纷引发的民事案件。通过分析此案，有如下几个问题值得注意：

（1）此案历经了一审、二审、再审的漫长诉讼过程，最终经过法院再审，修正了一审、二审判决不当的内容，最终平衡了当事人之间的利益。此案从程序层面给我们的启示是，即使案件经

过了二审、终审程序，但只要一方认为判决结果存在失当或不符合法律规定之处，仍有继续维权的可能，即向检察院提出抗诉申请。经过检察院的审查，如果符合抗诉条件，案件就可以进入再审程序，从而有可能改变之前的判决结果。因此，尽管二审是生效判决，但还存在一定的变数。

（2）此案所涉的合同关系，属于平等主体之间的民事法律关系，由《中华人民共和国合同法》进行调整。此案从实体层面给我们的启示是，虽然《中华人民共和国合同法》的规定多属于任意性规范，即双方可以根据自愿、平等原则，在不违反法律法规强行性规范基础上自由约定合同的权利和义务，因此双方在协商一致基础上订立的关于违约条款的规定是具有法律效力的。但这并不说明一旦发生了违约情形，就完全应该按照事先约定的违约条款来执行。因为《最高人民法院关于适用〈中华人民共和国合同法〉若干问题的解释（二）》规定了在当事人因合同中约定的违约金过高或者过低，而导致执行违约金条款会造成当事人之间利益严重失衡而出现不公平的情况时，可以向人民法院提出增加或者减少违约金的请求，而人民法院也应当根据公平原则和诚实信用原则来予以衡量，作出适当增加或减少违约金数额的判决，以此来平衡当事人之间的合同利益。

因此，作为一名普通公民，应在生活中掌握一定的法律常识，并且在民事法律关系中自觉地遵守法律法规并诚实善意地履行合同义务。一旦产生纠纷，也要通过法律途径来维护自身的权益，并寻找合适的律师为自身合法权益进行维护。

（点评人：马波，广东石油化工学院文法学院教授）

“阴阳”商品房买卖合同的“孰是孰非”

——杨某诉Z公司房屋买卖合同纠纷案

卢国桢

一、当事人和代理律师的基本情况

原告（反诉被告）：杨某
被告（反诉原告）：Z公司
代理律师：卢国桢，广东诚挚律师事务所律师

二、案情概况

（一）案由

房屋买卖合同纠纷

（二）基本案情

被告委托XN联合产权交易所有限公司采用网络竞价的方式出售被告名下位于深圳市南山区建南路××区××栋××室的房产（证号：深房地字第××号），最终为原告所竞得。原、被告双方于2016年4月19日签订《产权交易合同（非股权类）》，约定“交易价款为396.47万元……双方应当共同配合，于乙方（即原告）支付完本合同全部交易价款后90个工作日内完成交易标的的权证变更登记手续，然后完成交易标的及相关权属证明文件、技术资料的交接”。原告依约于2016年5月20日支付完毕交易价款，但被告迟迟不予配合办理过户手续及交接手续，原告起诉诉请被告支付原告违约金1 398 941元。

被告反诉认为：2015年12月25日，被告委托XN联合产权交易所有限公司公开挂牌处置深圳市南山区建南路××区××

栋××室房产，并由原告竞价取得。2016年4月19日，被告与原告签订《产权交易合同（非股权类）》，依据该合同约定，原告应于2016年4月19日合同生效之日起10个工作日内，即2016年5月3日前将全部交易价款支付完毕，但原告直至2016年5月20日才将最后一笔交易款项277万元支付给XN联合产权交易所有限公司。根据《产权交易合同（非股权类）》第九条之约定，被告诉请原告应按照逾期支付款价款277万元，从2016年5月4日计至2016年5月20日（计17日）按照日3‰支付违约金141 270元。

（三）案件审理经过

2017年8月22日，一审法院判决驳回原告诉讼请求以及被告反诉请求。原被告双方均提起上诉。2018年3月2日，二审法院判决驳回原、被告上诉，维持原判。

三、争议焦点或分歧

原告与被告就涉案房产先后签订了《产权交易合同（非股权类）》及《深圳市二手房买卖合同》，两份合同对款项支付及过户时间作出了不同的约定。原告向被告购买涉案房产时，已知涉案房产登记在案外人名下，被告并非涉案房产的所有权人，涉案房产进行第一次产权变更登记至被告名下后，双方签订了《深圳市二手房买卖合同》，该合同载明了涉案房产变更登记后的新的房地产证号，并对价款支付时间及过户时间进行了新的约定。案件的争议焦点为应以哪一份合同来认定双方当事人的权利义务关系。

四、律师代理意见和各方观点

（一）原告的意见

（1）原告并没有逾期付款的违约行为，原告付款日期符合合同约定。原告与被告签订《产权交易合同（非股权类）》的流程为：原告2016年4月19日在合同上签名，签完后以邮寄的方式寄给XN联合产权交易所有限公司，由被告盖完章再邮寄回来，原告于2016年5月10日收到《产权交易合同（非股权类）》文本。根据《产权交易合同（非股权类）》第四条约定，原告应在合同生效之日起10个工作日内，将余款付至XN联合产权交易所有限公司指定的银行账户。原告于2016年5月20日付清尾款，并没有违约。

（2）被告的行为已经构成违约，应当承担违约责任。原告与被告应以双方签订的《产权交易合同（非股权类）》所约定的条款作为履行依据。《产权交易合同（非股权类）》是双方真实意思表示。从被告通过XN联合产权交易所有限公司公开转让涉案房产、发布公告的内容、签订《产权交易合同（非股权类）》、由XN联合产权交易所有限公司收取转让价款等事宜，可以推定《产权交易合同（非股权类）》是双方真实意思表示。

原被告双方实际履行情况：

①购买涉案房产的方式：原告购买涉案房产是通过XN联合产权交易所有限公司发布的《实物资产转让项目公告》所获取的信息，采用网络竞价的方式向被告购买涉案房产。

②转让款支付方式及支付时间：原告需按照XN联合产权交易所有限公司的规定支付保证金33万元，并在《产权交易合同（非股权类）》生效之日起10个工作日内将余款支付到XN联合产权交易所有限公司指定银行账户。原告已于2016年5月20日（合同约定期限内）将尾款付清。

③双方约定的被告完成权证变更登记的时间。根据XN联合产权交易所有限公司发布的《实物资产转让项目公告》之“重大事项披露”第六条可知，双方对于完成权证变更登记的时间是“自乙方支付完《产权交易合同（非股权类）》全部交易价款后90个工作日内完成权证变更登记手续”。双方于2016年11月16日签订的《深圳市二手房买卖合同》只是为了在深圳市不动产登记中心办理产权转移登记手续之用，从实际履行情况也可得知，双方并不是按照此合同来实际履行的。深圳市不动产登记中心对提交转移登记的材料有所要求，若原告不与被告签订《深圳市二手房买卖合同》，产权转移登记将无法完成。因此可知，该合同

仅作办理产权转移登记手续之用。《深圳市二手房买卖合同》第八条约定，“买方须于2016年11月15日之前将上述房款支付至买卖双方约定的银行第三方监管账户”并不是真实意思。首先，原告的房款已于2016年5月20日付清，其次，买卖双方也并未有约定银行监管账户。《深圳市二手房买卖合同》第十七条并不具有实际对抗的意义。第十七条约定“买卖双方在本合同签订之前的承诺及协议，如有与本合同不相符的，以本合同为准”可以理解为，当买卖双方在履行合同过程中出现争议，而双方不知道应以哪份合同作为履行依据时，应以《深圳市二手房买卖合同》为准。本案却是对之前所签合同实际履行完毕的，对于履行方式并不存在争议，不论从产权购买的方式、转让款支付的时间与支付的方式还是从XN联合产权交易所有限公司发布的《实物资产转让项目公告》，都可以看出双方并不是按照此合同来实际履行的，而是按照《产权交易合同（非股权类）》来履行的。因此可知《深圳市二手房买卖合同》属于实践中出现的“阳合同”，而认定双方权利义务的合同应为“阴合同”，即双方签订的《产权交易合同（非股权类）》。

（二）被告的意见

被告已依照合同约定履行涉案房产权利交接义务，原告主张违约金没有事实与法律依据。

（1）被告与原告于2016年11月23日签订的《深圳市二手房买卖合同》合法有效，合同双方变更涉案房产买卖的权利和义务，应依据该合同计算涉案房产产权交接期限。鉴于涉案房产原登记在Z建设公司名下，必须完成两次过户手续后方可办至原告名下。原告与被告共同办理涉案房产过户过程中，均认为双方在2016年4月19日签订的《产权交易合同（非股权类）》所约定的“90个工作日”过户期限远远少于两次过户办证的正常时间。2016年11月16日，被告领取涉案房产的《不动产权证书》后，立即通知原告并于2016年11月23日经双方协商一致签订《深圳市二手房买卖合同》，明确交易标的为不动产产权证号为粤

(2016) 深圳市不动产权第××××号的房屋（该房屋登记于被告名下），并以该合同向深圳市不动产登记中心申请办理涉案房产的过户登记。依据《深圳市二手房买卖合同》第十四条以及第十七条约定，双方同意涉案房产产权交接期限应从2016年11月23日起算90日。原告于2017年1月17日已领取涉案房产的《不动产权证书》，符合合同约定的90日期限。

（2）挂牌交易时，被告已完整披露涉案房产权利现状，原告知悉涉案房产产权交接必须完成两次完税、过户手续。根据2015年12月25日被告就涉案房产转让向XN联合产权交易所有限公司出具的《物权转让信息发布申请书》中“重大事项及其他披露内容”明确，“本次处置资产所有权人目前为Z建设公司，并非转让方”，且原告参与竞买时已经“充分知晓并认可转让标的可能存在的所有风险及瑕疵，受让成功后不得提出任何异议”。因此，被告对于涉案房产挂牌交易时已经向竞买者完整披露了产权登记信息，且原告通过竞买活动认可完成产权过户必须经过两次变更程序。

（3）被告依照合同约定积极、及时履行涉案房产产权交接义务，不存在违约行为。原告知悉涉案产权必须完成两次过户以及完税程序。2016年6月13日，被告与原告一同前往深圳市不动产权登记中心（南山登记所）提交二手商品房转移登记申请。该南山登记所工作人员当面告知被告与原告必须完成涉案房产从现证载产权人Z建设公司变更至被告名下后，才可以办理变更至原告名下。原告同意协助被告完成两次产权变更登记审批程序。

深圳市地方税务局对涉案房产的第一次完税审查超期50个自然日。原告取得证载产权人Z建设公司授权后，于2016年6月30日向深圳市地方税务局提交涉案房屋交易的完税申请，该税务局涉税事项科收件后审核资料（规定涉税事项审核时间为9个工作日，即7月13日期满）。2016年7月15日，被告向税务局领取审税材料时被告知尚未完成审税程序。2016年7月27日，该税务局经办人员电话告知被告因涉案房产属于国有企业改革未带走资产范畴，必须提供被告上级主管部门的权属证明，以补正审税资料。2016 年 8 月 5 日，被告取得主管部门的权属证明后立即通过邮政快递的方式将税务局要求的审税补正资料提交税局经办人员。2016 年 9 月 1 日，被告才接到通知领取《税务事项通知书》。深圳市不动产权登记中心（南山登记所）对涉案房产的第一次产权变更审查超期 7 个自然日。2016 年 9 月 5 日，被告第二次向深圳市不动产权登记中心（南山登记所）提交“二手商品房转移登记”申请。根据深圳市不动产登记中心出具的《深圳市不动产登记中心业务受理通知书》规定，“办理期限为 30 个自然日”。该中心工作人员电话告知要求被告派人现场面谈涉案房产完税事项。2016 年 9 月 26 日，被告的授权代表以及财务人员前往该中心，与该中心审核工作人员协商涉案房产从子公司变更为母公司名下完税事宜。经被告积极协调，该中心告知被告补正 Z 建设公司的工商变更登记资料后才能完成审核工作。2016 年 9 月 27 日，被告从茂名市工商行政管理局调取 Z 建设公司名称变更核准登记档案后立即通过邮政快递方式寄送至深圳市不动产权登记中心。2016 年 10 月 12 日，深圳市不动产权登记中心才向被告当面送达《深圳市不动产登记缴款通知书》和《通知书》。深圳市蛇口地方税务局对涉案房产的房地产交易特殊类登记计税审核超期 10 个自然日。2016 年 10 月 12 日，被告向深圳市蛇口地方税务局提交涉案房产房地产交易特殊类登记计税的完税申请，该税务局出具《税务事项通知书》告知 9 个工作日后领取办理结果。期满后的 2016 年 10 月 25 日，被告向税务局领取审税材料时被告知尚未完成审税程序。直到 2016 年 11 月 4 日，该税务局才通知被告领取《房地产交易税费审核通知书》。

综上，在整个涉案房产的交易流程中，被告一直积极完成产权交易各环节工作，不存在任何恶意拖延情况，在合理范围内依据政府部门要求完成各项备案、审批工作。

（4）原告逾期支付房款构成违约，应当承担违约责任。依据《产权交易合同（非股权类）》第四条之约定，原告应于合同生效之日（2016 年 4 月 19 日）起的 10 个工作日（2016 年 5 月 4 日）付清全部款项。而原告提供的《个人贷款合同》以及被告提供的中信银行《交易明细查询单》显示，原告最后一期交易款项277万元于2016年5月20日才划入XN联合产权交易所有限公司的指定收款账户，逾期付款13日，构成违约。根据《产权交易合同（非股权类）》第九条约定，原告应当承担逾期付款的违约责任。

五、代理结果和理由

法院认为，原被告双方当事人就涉案房产先后签订了《产权交易合同（非股权类）》及《深圳市二手房买卖合同》，其中《深圳市二手房买卖合同》签订时间在后，且该合同约定买卖双方在该合同签订之前的承诺及协议，如有与该合同不相符的，以该合同为准。因《深圳市二手房买卖合同》签订时间在后，且双方此后未就以哪一份合同为准作出新的约定，《深圳市二手房买卖合同》载明了涉案房产新的房地产证号，并对价款支付时间及过户时间进行了新的约定，应视为双方对原《产权交易合同（非股权类）》的内容进行了变更，关于价款支付时间及过户时间应以此份合同约定为准。因原告支付完毕购房款及双方办理涉案房产产权过户均未违反该合同的约定，故原告要求被告承担迟延办证的违约责任，以及被告要求原告承担迟延付款的违约责任，均欠缺事实依据，均不予支持。

六、办案小结

本案属于商品房买卖合同纠纷，案件争议的焦点在于讼争双方在二手房买卖过程中，所基于房屋实际交易情况签订两份房屋买卖合同的效力认定。案涉两份合同均为双方真实签订，但各方对于合同签订的目的存在争议，且两份合同约定不同的交付时间、办证方式以及违约责任，致使合同履行过程中出现权利义务不一致的情形。

笔者在代理过程中，积极搜集原被告双方合同履行过程的各项证据，尤其是交易双方就房屋办证进行沟通以及被告向行政部门提交办证申请后审批流程所形成的证据，并针对第二份商品房买卖合同所约定的合同适用条款进行抗辩，以确认交易双方基于第二份商品房买卖合同签订达成的“新的合意”，适用《中华人民共和国合同法》中合同条款变更的规定，避免了高额的违约损失。

笔者认为，买卖双方对于不同时期所签署的两份不一致的协议，应当约定明确的履行条款，特别应当明确后签订合同的目的以及与前合同的差异条款执行方式，避免各方因参照不同合同条款履行而发生争议。

【专家点评】

本案是一起因房屋买卖合同纠纷而引起的民事诉讼，案件在诉讼过程中被告进行了反诉，且历经一审、二审两个诉讼阶段，最终以一审、二审均驳回原告诉讼请求而结束。认真研究此案，点评人认为，有如下启示：

本案是在实践中较为常见的商品房买卖过程中签订双合同而引发纠纷的法律现象。由于签订合同行为属于平等主体之间的一种民事法律行为，由《中华人民共和国合同法》来进行调整，而该法的规定多属于任意性规范，即双方可以根据自愿、平等原则，在不违反法律法规强行性规范的基础上自由约定合同的权利和义务。如果双方在履行过程中没有任何异议，法律对合同的内容不会进行强行干涉。而本案正是因为签订了两份内容存在冲突的合同，在履行过程中双方又对两份合同的适用发生了争议，因此就需要根据《中华人民共和国合同法》的相关规定来确认合同的具体适用问题。由于两份合同的签订有前后顺序，同时后签订的合同对先签订的合同效力也做了明确约定，因此，在实践中就视为变更了前合同的内容，在履行过程中就应以后签订的合同为准。在此也提醒各位读者在生活中无论出于何种目的，在签订合同过程中都应注意在内容和程序上均符合法律规定，以防止在发生争议时利益受损。

另一个需要注意的问题是，本案中的第一个合同的效力应属于效力待定合同。因签订合同时，出卖方并不是房屋的所有权人，因此属于无权处分行为。此种合同一般会有两种法律后果：一种是出卖人事后取得了出卖物的所有权，合同转为有效合同；另一种是出卖人未能取得出卖物的所有权，此时买受人可以主张撤销该合同，以使合同归于无效。本案律师在代理过程中也做了大量的证据收集工作，证明被告方积极地履行了合同义务，对案件事实的认定起了关键的作用。

（点评人：侯巍巍，广东石油化工学院文法学院讲师）

善意无过失是认定表见代理的关键要素

——胡某与建筑公司、建筑公司某分公司、劳务公司、熊某租赁合同纠纷再审案

彭超暄

一、当事人和代理律师的基本情况

再审申请人（一审被告，二审上诉人）：建筑公司

委托诉讼代理人：彭超暄、廖业诗，广东诚挚律师事务所律师

再审被申请人（一审原告，二审被上诉人）：胡某

再审被申请人（一审被告，二审被上诉人）：劳务公司

再审被申请人（一审被告，二审被上诉人）：熊某

原审第三人（一审第三人）：建筑公司某分公司

二、案情概况

（一）案由

租赁合同纠纷。

（二）基本案情

胡某向一审法院起诉称，熊某以建筑公司某分公司的名义与胡某签订了《模板、方条供应承包合同书》，该合同书载明，根据建筑公司某分公司工程施工生产的需要，建筑公司某分公司决定将××市××商业广场工程的模板周转材料交给胡某采购供应。合同对工程承包范围、付款方式、违约责任等均作了明确的约定，在该合同书末尾“承租方”一栏盖上了建筑公司某分公司的公章，熊某签名予以确认。在合同履行过程中，熊某以建筑公

司某分公司的名义与胡某签订了《结算单》，该《结算单》对涉案工程模板的工程量、单价、金额以及损害赔偿部分均作了结算，建筑公司某分公司共计欠胡某款项 461 万多元。该《结算单》签订后，建筑公司某分公司至今未向胡某支付款项，故此，胡某起诉至法院，要求法院判令建筑公司及其分公司向其履行支付款项及利息的义务。

在一审庭审过程中，建筑公司及其分公司辩称，其没有向胡某支付款项的义务，并提交了两份证据进行抗辩：

（1）提交了建筑公司某分公司与劳务公司签订的《建筑劳务施工合同》，拟证明涉案的模板属于劳务公司的工程承建范围，建筑公司某分公司并没有与胡某签订《模板、方条供应承包合同书》的现实可能性。

（2）提交了劳务公司向建筑公司提交的《请立即退还工程保证金、借款和工程款支付以及误工补偿的工作联系函》，拟证明涉案工程的模板属于劳务公司租赁并使用的，劳务公司已就该模板分项工程向建筑公司主张权利，故此，本案的模板实际上是劳务公司租赁并使用的。

一审期间，建筑公司提出对《模板、方条供应承包合同书》中所盖的分公司的公章进行司法鉴定的申请，经鉴定，《模板、方条供应承包合同书》中所盖分公司的公章与建筑公司在公安机关备案刻制的印章不相符；同时以涉案工程已全部分包给熊某及其劳务公司为由向一审法院申请追加熊某及其劳务公司为被告参与诉讼，一审法院同意追加熊某及其劳务公司为被告的申请。

在一审法院作出追加劳务公司、熊某作为本案被告出庭的通知后，劳务公司向一审法院提交了《模板、方条供应承包合同书》补充协议，拟证明劳务公司不是《模板、方条供应承包合同书》的主体。该补充协议中载明，劳务公司、熊某、胡某确认，熊某是代表建筑公司某分公司与胡某签订《模板、方条供应承包合同书》的，在建筑公司及其分公司没有向熊某及劳务公司支付涉案模板、方条款项时，胡某无权向熊某及劳务公司主张模板、方条款项。

建筑公司对劳务公司提交的《模板、方条供应承包合同书》补充协议的质证意见是，该补充协议载明了建筑公司及其分公司将会向劳务公司支付涉案的模板、方条款项，证明了胡某对模板是劳务公司及熊某租赁并使用是明知的，这进一步证明胡某对熊某及劳务公司并非善意的，相应熊某有权代表建筑公司签订合同并进行结算，熊某的行为并没有构成表见代理。

二审期间，建筑公司提交了新证据《债权转让通知书》和《〈建筑劳务施工合同〉权利和义务转让通知书》，在这两份文件中，熊某均为独立的签约主体而非劳务公司的代理人，拟证明熊某为劳务公司于涉案项目的实际控制人与实际权益人。

再审阶段查明：熊某系劳务公司法定代表人的父亲，其在劳务公司与建筑公司某分公司 2013 年 1 月 28 日签订的《建筑劳务施工合同》上作为劳务公司的签约代表签字。其后，熊某一直在涉案工地上参与管理工程。另查明，胡某与熊某在签订涉案的《模板、方条供应承包合同书》之前彼此认识。

（三）案件审理经过

该案在 2016 年 10 月 31 日作出一审判决，一审判令建筑公司向胡某支付模板、方条租金及其损失赔偿款 461 万多元及其利息。一审判决的主要裁判观点为：基于建筑公司在另案判决中，法院认定建筑公司某分公司使用了与备案公章不相符的印章，胡某在与建筑公司某分公司进行民事活动过程中，既无义务也无法识别公章印文真伪，故此认定建筑公司某分公司经理许某授权熊某签订合同并结算，而熊某签约结算的行为系代表建筑公司某分公司的职务行为。《模板、方条供应承包合同书》的签约主体是胡某与建筑公司某分公司。

建筑公司对一审判决不服，提起上诉，二审法院于 2017 年 6 月 5 日作出二审判决，驳回上诉，维持原判，二审判决主要的裁判观点为：

（1）熊某为劳务公司于涉案项目实际控制人及实际权益人的身份与其于建筑公司某分公司表见代理人的身份并不冲突，故此，并不能由此得出熊某的行为与建筑公司某分公司无关的结论。

（2）印章真伪只是判断合同相对人主观上是否属于善意无过失的因素之一，同时，亦不能单凭印章系伪造的就认定相对人不构成表见代理；虽然对于熊某是否为建筑公司某分公司的员工存在争议，但是该合同书上盖有建筑公司某分公司的印章，从该合同书外观上看，胡某与建筑公司某分公司存在租赁关系。一审判决认定建筑公司某分公司在进行对外经济活动中使用了不同的印章并无不当，胡某作为一般的民事主体，其无能力识别《模板、方条供应承包合同书》中建筑公司某分公司印章印文的真伪，且胡某也将涉案租赁物送到该工地并交付使用。

（3）《模板、方条供应承包合同书》是胡某与熊某共同至涉案工地盖章且最终盖有建筑公司某分公司印章，《结算单》虽无建筑公司某分公司的盖章，但是需方确认人处有《模板、方条供应承包合同书》中作为需方代表的熊某签字，故此，胡某签订《模板、方条供应承包合同书》及《结算单》是善意无过失的。

基于以上理由，二审法院作出如下认定：

（1）胡某有理由相信其交易的相对方是建筑公司某分公司，熊某是代表建筑公司某分公司与其签订涉案《模板、方条供应承包合同书》及《结算单》的，且根据熊某与胡某的陈述可知，胡某的意愿也是与建筑公司某分公司订立租赁合同关系的，故此，一审法院认定胡某与建筑公司某分公司之间成立租赁合同关系且租赁合同关系合法有效，理据充分。

（2）《建筑劳务施工合同》虽约定模板、方条工程系劳务公司承包施工的范围，但与胡某成立租赁合同关系的是建筑公司某分公司而非劳务公司，即使劳务公司系涉案租赁物的实际使用人，其也是使用建筑公司某分公司承租胡某的模板、方条及配件，与胡某没有直接的法律关系；即使劳务公司曾向建筑公司、建筑公司某分公司主张过模板、方条及配件等材料延期使用费，亦难以否定建筑公司某分公司与胡某之间的租赁合同关系，而且胡某明确表示与其成立租赁关系的是建筑公司某分公司而非劳务公司，故建筑公司上诉主张本案租金及损失赔偿应由劳务公司承担，缺乏事实依据，该院不予支持。如前所述，熊某在《模板、方条供应承包合同书》及《结算单》上签字构成对建筑公司某分公司的表见代理，上述行为所产生的法律后果依法应由被代理人即建筑公司某分公司承担，故建筑公司上诉主张由熊某承担本案租金及损失赔偿亦缺乏事实和法律依据，二审法院不予支持。由于建筑公司某分公司与劳务公司存在劳务施工合同关系，双方在庭审中又均认为《建筑劳务施工合同》项下的工程款尚未结算，如果建筑公司认为本案的租金及损失赔偿根据《建筑劳务施工合同》约定应由模板、方条等材料的实际使用人劳务公司承担而建筑公司需向劳务公司支付上述工程款责任的，建筑公司承担本案责任后可以在应付的工程款中主张扣减。

建筑公司不服二审判决，向省高院提出再审申请，省高院于2017年12月25日作出民事裁定书，认为建筑公司的再审申请符合《中华人民共和国民事诉讼法》第二百条第（二）、（六）项规定的情形，裁定该案由省高院提审。

三、争议焦点和分歧

对《模板、方条供应承包合同书》的双方当事人应认定为建筑公司和胡某还是劳务公司与胡某。

四、律师代理意见和各方观点

（一）建筑公司代理人的意见

（1）签订《模板、方条供应承包合同书》既不符合《建筑劳务施工合同》的约定，也不符合常理和工程施工的惯例。

根据《建筑劳务施工合同》约定，建筑公司某分公司项目部作为发包人，劳务公司作为承包人，合同第二条约定“工程承包方式：包人工、包辅材、包工具、包机械……包木工使用的模板材料……”。根据合同约定，本案所涉模板、方条属于承包人劳务公司负责的部分，不是合同第三条、第四条除外的部分。既然合同约定提供模板、方条由承包人劳务公司负责，而不是建筑公司某分公司的义务，建筑公司某分公司就无须为劳务公司租赁模板、方条。其他当事人提出《模板、方条供应承包合同书》系建筑公司签署，即认为发包人将已发包给承包人的涉案模板、方条、工程部分，再主动突破合同的约定，去为承包人签订模板、方条租赁合同，履行本不属于发包人的义务。这既不符合《建筑劳务施工合同》的约定，也不符合常理和工程施工的惯例。

（2）从熊某的签名和身份来看，熊某应是劳务公司代表，并非建筑公司代表，证据如下：

①2013 年 1 月 28 日《建筑劳务施工合同》中，劳务公司的代表是熊某签字；

②2014 年 2 月 23 日《模板、方条供应承包合同书》中，施工方代表是熊某签字；

③2015 年 8 月 20 日《结算单》需方确认人是熊某签字；

④2015 年 9 月 23 日《关于〈模板、方条供应承包合同书〉补充协议》中乙方签字是熊某签字；

⑤熊某与劳务公司法定代表人系父子关系。

所以，熊某在本案中一直就是劳务公司的代表，其所有行为都是代表劳务公司，不可能“一人分饰两角”，一方面代表劳务公司，另一方面代表建筑公司。我公司既未授权他处理属于我方的事务，也未与他建立劳动关系或劳务关系并支付报酬。如何能够认定他是我公司的代表人?

（3）熊某的行为不构成表见代理。

根据立法规定分析，表见代理应具备以下构成条件：

①须行为人无代理权。

②须有使相对人相信行为人具有代理权的事实或理由，这是成立表见代理的客观要件。通常情况下，行为人持有被代理人发出的证明文件，如被代理人的介绍信、盖有合同专用章或者盖有公章的空白合同书，或者有被代理人向相对人所作法人授予代理权的通知或者公告，这些证明文件构成认定表见代理的客观依据。在我国司法实践中，盗用、冒用他人的介绍信、合同专用章

或者盖有公章的空白合同书、私刻公章签订合同的，不能认定为表见代理。

③须相对人为善意且无过失，这是表见代理成立的主观要件。即相对人不知行为人所为的行为系无权代理行为。如果相对人出于恶意，即明知他人为无权代理，仍与其实施民事行为，表见代理不能成立。

④须行为人与相对人之间的民事行为具备民事行为的有效要件。

本案中，熊某与胡某签订《模板、方条供应承包合同书》之前，双方就是认识的，胡某对于熊某的身份也是了解的。熊某没有、实际上也不能提供任何我公司给其出具的表明其代表我公司行事的授权文件，缺乏成立表见代理的客观要件。

从胡某的角度来看，他知道劳务公司和熊某是劳务承包的施工方，熊某不是我建筑公司某分公司项目部的负责人。胡某如果要和我公司签合同，应该去找我公司分公司的项目负责人去签。这么大一个项目，谁是业主单位，谁是总承包人，谁是建筑劳务分包人，胡某作为参与工程建设多年的商人有义务了解清楚。实际上，胡某是明知该施工劳务我公司已经承包给了劳务公司，不可能再直接向他租赁模板、方条，所以才找了熊某。但其考虑到我公司具有更强的经济实力，便串通熊某在合同上加盖了私刻的我公司分公司公章，意图让我公司为该合同承担责任。胡某作为相对人，不具备“善意且无过失”的主观要件，故本案熊某不能认定为我公司表见代理人。熊某签署2014年2月23日《模板、方条供应承包合同书》、2015年8月20日《结算单》的行为均不能成立表见代理！

（4）从合同的签章来看，不能证明我公司是合同相对方。

①从2014年2月23日《模板、方条供应承包合同书》分析：第一，合同抬头载明“甲方胡某，乙方熊某”，我公司在合同中均没有被列为乙方，仅仅在落款处加盖了私刻的公章。第二，合同上加盖的公章经鉴定与我公司备案的公章不符，系熊某私自刻制。第三，熊某签署本合同没有得到我公司的授权，其无法提供

我公司的授权委托书。第四，从常理来说，合同一式二份，双方各持一份。如果是我公司签署的合同，应该在双方签字盖章后交给我公司保管，但实际上合同书一直在熊某手上，我公司根本没有合同书原件。第五，该合同第十三条约定“甲乙双方合同签订三日内，甲方向乙方缴纳合同生效保证金二十万元（￥20 万元）”，但我公司并未按照合同约定收到这 20 万元保证金。如果是我公司签署的合同，为什么胡某没有向我公司支付保证金？我公司为什么不主张权利？因为我公司当时根本不知道该合同的存在，该合同是熊某与胡某之间签订的。

② 2015 年 8 月 20 日《结算单》需方确认人是熊某签字，没有我公司盖章确认，没有我公司员工签字确认，结算人李某是熊某委派的结算人。这说明，所谓的《结算单》系熊某与胡某之间进行的，没有我公司员工参与，也没有得到我公司的确认，对我公司是无效的。

③ 2015 年 9 月 23 日《关于〈模板、方条供应承包合同书〉补充协议》中，甲方是胡某、乙方是熊某、丙方是劳务公司。《补充协议》第一句就是“甲、乙双方于 2014 年 2 月 23 日签订了《模板、方条供应承包合同书》”，这就是胡某与熊某自认了《模板、方条供应承包合同书》是他们两方签订的！然后，双方串通，在补充协议中将该合同的合同主体强行指认为我公司，更可笑的是将熊某指定为建筑公司某分公司的代表人。这种掩耳盗铃、指鹿为马的做法只能是自欺欺人！如果《模板、方条供应承包合同书》是真实的，有必要多此一举，再签署补充协议吗？

（5）关于公章的使用问题。

最高人民法院在（2016）最高法民申 425 号 JS 市 × × 房地产开发有限责任公司、雷某与 JX × × 生态科技有限公司、吴某、俞某民间借贷纠纷案中的裁判观点是：自然人通过挂靠其他公司，并私刻该公司公章，多次使用该枚公章从事一系列经营活动，且该公章已为相关政府职能部门确认的，可推定该公司明知该自然人使用该枚公章，该公司应当对外承担相应民事责任。

本案中，熊某仅仅在 2014 年 2 月 23 日《模板、方条供应承包合同书》中使用了一次私刻的我公司公章，我公司对此事并不知情，直到本次纠纷发生才知道有私刻公章一事，且该公章并未为相关政府职能部门所确认。我公司从未授权或同意其刻制并使用我公司公章。本案并非自然人挂靠案件，而是建筑劳务承包关系，承包人无权刻制并使用发包人的公章。上述最高人民法院的裁判观点可供参考借鉴。

综上，本案所涉模板、方条租赁事宜全部系熊某一人自编自导自演，现工程建设出了问题，就把本该自己承担的合同责任嫁祸给我公司。但“桥归桥，路归路”，合同具有相对性，熊某、劳务公司与我公司的《建筑劳务施工合同》纠纷在我们之间依法解决；但熊某、劳务公司与胡某之间的模板、方条租赁合同纠纷应该由他们之间去解决，与我公司无关。

（二）胡某代理人的意见

许某系建筑公司某分公司的负责人，其代表建筑公司某分公司与劳务公司签订《建筑劳务施工合同》系职务行为。胡某有充分的理由相信熊某有权代表建筑公司某分公司签订《模板、方条供应承包合同书》，因为熊某一直在工地现场进行管理，胡某通过在施工现场获得的通信录上记载熊某为项目部总经理，该合同上建筑公司某分公司的公章是在建筑公司项目部加盖的，胡某无义务也无法去辨别公章的真伪，而且胡某也实实在在履行了合同义务，因此，建筑公司应该支付相应的价款。

（三）劳务公司代理人的意见

劳务公司同意胡某的答辩意见，同时补充答辩称，胡某没有向劳务公司主张权利，现被追加为当事人，违背了“不告不理”的原则。

（四）建筑公司某分公司代理人的意见

建筑公司某分公司陈述同意建筑公司的意见。同时强调熊某在本案中缺乏构成表见代理的形式和实质要件。

五、代理结果和理由

湖南省高级人民法院于 2018 年 7 月 30 日作出再审判决书，撤销一审、二审判决书，判令劳务公司向胡某支付模板、方条租金及其损失赔偿款 461 万多元及其利息，驳回胡某其他诉讼请求。

省高院认为，根据现有证据，认定为劳务公司与胡某签订《模板、方条供应承包合同书》理由更充分。

第一，《模板、方条供应承包合同书》的签订人为胡某和熊某，尽管加盖了建筑公司某分公司的公章，但该公章非建筑公司某分公司备案的公章，且建筑公司对此公章予以否认，故该公章的真实性存疑。熊某作为劳务公司法定代表人的父亲，其曾代表劳务公司与建筑公司签订本案中的《建筑劳务施工合同》，在建筑公司没有委托的情况下，又代表建筑公司与胡某签订《模板、方条供应承包合同书》，不符合情理。

第二，《模板、方条供应承包合同书》中涉及的模板和方条系建筑公司分包给劳务公司的工程范围。2013 年 1 月 21 日，建筑公司与劳务公司签订的《建筑劳务施工合同》中第二条约定，工程承包方式：包人工、包辅材、包工具……包木工使用的模板材料。也就是说，建筑公司将部分工程分包给劳务公司后，作为施工方的劳务公司为工程所需，才有可能签订采购工程所需的模板等材料。

第三，劳务公司自认模板、方条系该公司所用。2015 年 7 月 3 日，在劳务公司给建筑公司提交的《请立即退还工程保证金、借款和工程款支付以及误工补偿的工作联系函》中，劳务公司向建筑公司主张包括模板、方条在内的损失，意味着劳务公司将模板、方条列入了自己工程的范围。

第四，胡某对到底是建筑公司还是劳务公司需要模板等材料是明知的，对熊某系劳务公司法定代表人父亲的身份也是明知的。在原审中，劳务公司和胡某均称，胡某只相信建筑公司的实力，所以要求与建筑公司签协议。从上述陈述中可以看出，胡某并非不知道是哪家公司真正需要模板，而且胡某和熊某在签订涉案的《模板、方条供应承包合同书》之前彼此认识，对熊某系劳务公司法定代表人的父亲的身份也明知，对熊某能否代表劳务公司签订合同是知道的。

第五，胡某、熊某、劳务公司有串通之嫌。2015 年 9 月 23 日，胡某、熊某、劳务公司三方签订《补充协议》，约定《模板、方条供应承包合同书》的签约主体系胡某与建筑公司某分公司，熊某是建筑公司某分公司的代表，并约定胡某不得对熊某、劳务公司提起诉讼。同年 10 月 12 日，胡某提起本案诉讼。从《补充协议》的约定来看，胡某、熊某、劳务公司三方明显有串通之嫌，胡某在本案中不是善意第三人。

综上，《模板、方条供应承包合同书》以及后来的《结算单》应认定是由熊某代表劳务公司与供应方胡某签订而不是熊某代表建筑公司签订，原判认定熊某是建筑公司的代表与事实相悖，判决建筑公司承担合同和结算义务的处理错误。建筑公司、建筑公司某分公司与胡某并不存在租赁合同关系，该合同所产生的权利义务关系与建筑公司无关的再审理由成立。

六、办案小结

笔者代理该案的一审、二审、再审，经历了该案由败诉被执行至再审胜诉后执行回转的全过程。建筑公司是否需要承担对胡某的付款责任，其关键在于认定熊某的行为是否有权代表建筑公司与胡某签订合同并进行结算，熊某的行为是否构成对建筑公司的表见代理，表见代理的认定标准是什么。一审、二审法院认为，熊某在与胡某签订合同时，盖上建筑公司某分公司的公章，虽然该公章与建筑公司的备案印章不一致，但是不排除建筑公司某分公司使用不同印章的可能性，且胡某没有义务也无能力鉴别印章的真伪；熊某为劳务公司的实际控制人及实际权益人的身份与其作为本案中建筑公司某分公司表见代理人的身份并不冲突；胡某也已经将涉案的租赁物送到该工地并交付使用；胡某善意且无过失地相信熊某有权代表建筑公司某分公司，基于上述理由，建筑公司应承担支付款项的责任。本案在再审阶段，省高院充分结合案件事实及常理判断熊某是否有权代表建筑公司与胡某进行结算，胡某在合同签订并履行的过程中是否是善意无过失地相信熊某有权代表建筑公司签订并履行合同，是否构成表见代理。总的来说，省高院对本案是否构成表见代理及表见代理的认定标准作出了客观的评价，是一份公平正义的判决书。

表见代理制度作为代理制度的一个组成部分，对保护善意第三人和交易安全、维护交易秩序、促进市场经济的发展发挥了重大的作用。同时也要看到，我国的表见代理制度建立不久，虽然适用范围较宽，但在理论上还不是很完善，尤其是构成要件方面争论很大，各地法院的法官在认定时存在较大的争议，类似案件没有类似判决，对司法的权威性与统一性造成很大的负面影响。故此，对于表见代理制度的定义问题，有待学术界的进一步争鸣统一。在此基础上，希望最高人民法院尽早再出台司法解释，统一认定细则，使得对表见代理构成要件的认定更具有操作性与统一性，创设一个更完善的表见代理制度，为我国的经济建设服务。

【专家点评】

上文作者从代理律师角度围绕是否构成表见代理的问题，已经从法理上作了充分论述，对此本人不再赘述。阅读该案，本人得到两个方面的重要启示。

一、在办案思路上理清法律关系

大型建设工程项目中，合同当事人大多采用承包、转包、分包、出租和转租等方式，以单位部门、项目经理乃至个人名义签订或实际履行合同，各种承包、租赁关系错综复杂，甚至当事人自己都会发生身份误认，往往因合同主体和效力认定问题而引发表见代理纠纷。办理这类案件，从宏观上理清纷繁复杂的法律关系就成为解决问题的关键。本案中，讼争各方存在以下三种法律关系。

（一）建筑劳务分包关系

《建筑劳务施工合同》的签约主体为建筑公司与劳务公司，双方形成劳务分包关系，对于这一法律关系的认定，各方不存在争议。在本案中它是基础性的法律关系，对后来形成的法律关系有基础性的作用。

（二）模板、方条租赁合同关系

虽然该合同书在名称上写着供应合同，但是按其实质内容，被认定为租赁合同。

《模板、方条供应承包合同书》及其补充协议的法律关系主体如何认定？各方形成何种法律关系？这是本案的核心问题。

该租赁合同的出租人是胡某，这一点非常明确。

承租人究竟是谁？这是本案争议的焦点，而这一问题的答案是决定各方当事人胜负的关键。本案一审、二审判决均认定承租方是建筑公司，建筑公司败诉；再审判决认定承租人是劳务公司，建筑公司反败为胜。

（三）代理关系

在上述三份合同和协议中，都出现了熊某的署名。熊某并非建筑公司及其分公司的员工，亦非劳务公司的法定代表人。那么，在各份合同和协议中熊某分别扮演什么角色，熊某是谁的代理人？特别是在租赁合同中，熊某究竟与哪一方形成代理关系？法院应当如何从法律上认定他与各方结成的法律关系，成为本案审理的另一焦点问题。

以上三个法律关系是相互关联、层层递进的，其中劳务分包关系是后来形成的代理关系和租赁关系的基础，而代理关系的认定，对于租赁关系主体的认定而言，具有先决性。律师对于这三种法律关系之间的关联性和递进性不仅需要从法理上加以论证，更需要在举证、质证环节中加以核实，才能形成令人信服的代理意见，让法官采信以作出正确的判决。

二、在证据细节中决定官司输赢

如前所述，在本案中，对于熊某是否与建筑公司形成代理关系的问题，成为各方争议的焦点。

本案有一个值得注意的细节，就是《模板、方条供应承包合同书》盖有建筑公司分公司的公章，但经过鉴定，所盖公章与建筑公司在公安机关备案刻制的印章不相符。

这一证据，本来足以证明建筑公司并非租赁合同的当事人。但事与愿违，一审、二审法院并没有作出这样的认定，其中的主要原因也许是：在另一起案件中，法院曾认定建筑公司某分公司使用了与备案公章不相符的印章。本案的一审法院由此推定《模板、方条供应承包合同书》的签约主体是胡某与建筑公司某分公司，二审法院甚至进一步推出这样的结论：一审判决认定建筑公司某分公司在进行对外经济活动中使用了不同的印章并无不当；胡某是善意无过失的相对人。两级法院均认定熊某在加盖私刻公章的租赁合同上署名的行为构成表见代理，并判决建筑公司作为被代理人承担败诉结果。要想通过启动再审程序推翻一审、二审的认定和判决，实属不易。

再审程序中，建筑公司的代理律师选择了“熊某行为是否构成表见代理”作为突破口，围绕这一问题进行了全面的举证质证，并展开详细的论证。例如，通过把《建筑劳务施工合同》与《模板、方条供应承包合同书》的内容加以对比，指出本案所涉模板、方条属于承包人劳务公司自己负责包料的部分，再用归谬法论证了建筑公司作为发包人不可能再去签订租赁合同为承包人提供模板、方条；在举出四份有熊某署名的证据之后，指出熊某不可能“一人分饰两角”，在本案中其所有行为都是代表劳务公司，在建筑公司既未对熊某授权，也未与其建立劳动关系或劳务关系的情况下，即使熊某使用私刻的建筑公司分公司公章签约，其行为也不构成表见代理。这两位律师的代理意见证据翔实、说理充分，其扎实的功底和严谨的态度可窥一斑，运用证据规则的娴熟技巧也可圈可点。

也正是对于证据细节所作的论证令人信服，这两位代理律师的意见才被再审法院所采纳，建筑公司最终反败为胜。

（点评人：张海汉，广东石油化工学院文法学院讲师）

个人独资企业投资人与抵押权人的博弈
——某信用社诉某水电有限公司、张某、何某、李某、第三人吕某金融借款合同纠纷案

周红军　陈伟勇

一、当事人和代理律师的基本情况

原告：某信用社
被告：某水电有限公司
委托代理人：周红军、陈伟勇，广东诚挚律师事务所律师
被告：张某
委托代理人：周红军、陈伟勇，广东诚挚律师事务所律师
被告：何某
被告：李某
第三人：吕某

二、案情概况

（一）案由

金融借款合同纠纷。

（二）基本案情

何某从莫某处购得某市二级水电站后申请银行贷款。2013 年 4 月 9 日，某市二级水电站向原告某信用社出具《抵押声明书》，声明自愿用某市二级水电站的资产和收益作为被告何某向原告借款 900 万元的抵押担保。2013 年 4 月 27 日，某市二级水电站（借款人）与原告（贷款人）签订《固定资产借款合同》，其中约定：借款用于购买水电站，借款金额 900 万元，借款期限从

2013 年 4 月 27 日起至 2018 年 4 月 27 日止。2013 年 4 月 27 日，某市二级水电站（抵押人）与原告（抵押权人）签订《抵押担保合同》，其中约定：为确保主合同《固定资产借款合同》的履行，抵押人自愿为债务人履行主合同项下债务向原告提供抵押担保；本合同项下被担保债权为抵押权人在主合同项下所享有的全部债权；主合同项下的债权本金合计总额为人民币 900 万元；本合同的担保范围包括主合同项下债务人应承担的全部债务，抵押权的效力及于抵押物的主物、从物、主权利、从权利、附合物、加工物和孳息等，抵押人同意抵押清单中所列的财产作为抵押。原告按合同约定向被告某市二级水电站发放了贷款。借款时，被告何某、李某是夫妻关系，某市二级水电站是个人独资企业，投资人是何某。

被告何某在 2013 年 3 月份与出让人莫某签订《某市二级水电站转让协议书》，被告何某向原告贷款时，提供了转让价格为 1 300万元的协议书。何某向第三人吕某转让水电站时，提供一份转让价格为 580 万元的协议书。2015 年 5 月 25 日，被告何某与第三人吕某签订《某市二级水电站转让合同》，约定转让价格为 380 万元。2015 年 5 月 27 日，某市工商局将某市二级水电站的股东何某核准变更为吕某。2015 年 7 月 30 日，第三人吕某申请工商局将某市二级水电站名称变更为某市大森林水电站。2016 年 1 月 14 日，第三人吕某将水电站转让给被告张某，并将股东吕某变更为张某。2016 年 6 月 27 日，张某向某市工商局递交了《个人独资企业登记（备案）申请书》《某市大森林水电站清算报告》，申请解散注销某市大森林水电站，清算报告记载："通知公告债权人情况，企业债权债务已清理完毕。"工商局依申请注销了某市大森林水电站，并核准成立了被告某水电有限公司。该公司是自然人独资有限责任公司，股东张某出资比例 100%，法定代表人为张某。

由于被告某市二级水电站未按期还款，原告依据借款合同、抵押合同向约定管辖地法院提起诉讼。诉讼请求为：

（1）判令被告某市水电有限公司立即向原告清偿借款本金及

利息；

（2）处置被告某市水电有限公司名下的机器设备、房屋建（构）筑物及水资源等整体资产，并由原告对上述资产处置所得款项在债权范围内优先受偿；

（3）被告张某、何某、李某对被告某市水电有限公司所欠原告的借款本息负连带清偿责任；

（4）本案的诉讼费用由上述被告共同承担。

（三）案件审理经过

原告向借款合同约定的管辖地法院提起诉讼，被告张某、水电有限公司共同委托律师参与案件审理活动。在接受委托后，被告张某申请追加第三人吕某参加诉讼。经过一审、二审，本案已经审结。

三、争议焦点和分歧

（1）对于拖欠原告的借款本息应由谁承担偿还责任。

（2）第三人吕某、被告张某是否依次善意取得某市二级水电站、某市大森林水电站。

四、律师代理意见和各方观点

（一）被告张某、某市水电有限公司的代理意见

（1）张某、某市水电有限公司不是借款合同、抵押合同的当事人，不是适格的被告。根据合同相对性，原告诉请张某、某市水电有限公司承担还款付息义务没有事实和法律依据。

（2）张某从第三人吕某处受让水电站，已足额支付价款，属于善意受让人。第三人吕某在庭审时也明确签约和收款事实。第三人吕某在向被告张某转让水电站时，向被告张某保证水电站不存在任何抵押或其他权利。张某足额支付了转让价款，故被告张某不存在恶意。

（3）张某注销某市大森林水电站程序合法，没有任何过错。张某注销的是第三人吕某处受让的某市大森林水电站，其名下确

实不存在债务纠纷。被告张某对被告何某经营期间的债务不知情，也无法获知相关情况。

（4）被告张某注销某市大森林水电站不能成为原告主张被告张某承担还款付息义务的事实理由。合同法未赋予原告向借款合同、抵押合同外第三人追偿的权利，原告的主张没有事实和法律依据。

（5）根据抵押清单，仅抵押登记了部分动产和权利性财产，但不动产（建筑物及其构筑物）未办理抵押登记手续，行政许可属性的取水证期限已过。因此，原告主张对水电站的一切资产行使抵押权没有事实依据。对于已经依法办理抵押登记的财产，原告可以主张处置抵押物并优先受偿。

（6）按照《个人独资企业法》第二、十七、二十八条等规定，原告可主张由原投资人被告何某及其配偶李某承担连带清偿责任。

总之，被告张某、某市水电有限公司无须对某市二级水电站的借款债务承担还款付息责任，原告冻结被告某市水电有限公司的银行账户不合法，原告对于未办理抵押登记的财产没有处置权和优先受偿权，抵押财产应以抵押登记为生效要件。

（二）原告的代理意见

（1）被告张某明知借款、抵押而注销水电站，没有履行通知债权人，是恶意注销，被告张某应当对水电站的债务承担连带清偿责任。

（2）被告张某是个人独资企业的经营者，按照《个人独资企业法》的规定应对原某市二级水电站的债务承担还款付息责任。

（3）水电站资产及收益已经办理抵押登记，被告张某注销原水电站程序不合法，其新设立的被告水电有限公司的资产全部来自原某市二级水电站，与原某市二级水电站是同一经营实体。故，原告主张新设立的被告水电有限公司承担还款付息义务依法有据。

（三）第三人的代理意见

（1）第三人吕某依法从被告何某处受让某市二级水电站，交易价格是市场价格，已经足额支付了交易金额，不存在恶意。被告何某在转让合同中向第三人吕某保证水电站没有抵押担保等行为。第三人吕某信赖该保证，并顺利办理水电站变更登记等手续，工商局从未告知第三人吕某关于水电站的借款和财产抵押，因此第三人吕某信赖行政机关的行政行为。

（2）第三人吕某将水电站以市场价格转让给被告张某，价款已经全部足额支付，并顺利办理工商变更手续，第三人吕某在经营期间水电站不存在对外债务纠纷。被告张某依法办理原大森林水电站的注销手续，且在注销声明中所称没有债务纠纷属实。

（3）第三人吕某、被告张某均是依法善意受让水电站，被告何某隐瞒水电站已经抵押给他人的事实，造成被告张某、被告某市水电有限公司、第三人吕某受本案牵连，被告何某的行为已经涉嫌民事欺诈或诈骗犯罪，应由法院移交公安机关处理。

（4）同意被告张某、被告某市水电有限公司关于本案的观点意见。

五、代理结果和理由

一审、二审法院基本采纳了被告张某、被告某市水电有限公司的代理意见。

一审法院认为，某市二级水电站是个人独资企业，投资人以其个人财产对企业债务承担无限责任，某市二级水电站作为主体已经不存在，原投资人被告何某对经营某市二级水电站期间向原告借款，造成拖欠原告的债务应承担偿还责任。借款时被告何某、李某是夫妻关系，该笔借款属于夫妻共同债务，故被告李某与被告何某有共同偿还义务。被告某市水电有限公司不是借款人，又不是借款人某市二级水电站变更而来的主体，故原告起诉要求被告某市水电有限公司承担偿还借款本息的请求欠缺法律依据。

在转让讼争水电站的过程中，有如下事实：

（1）被告何某作为某市二级水电站的投资人，是某市二级水电站的处分权人；

（2）被告何某、第三人吕某、被告张某三方均陈述买卖讼争水电站已支付价款；

（3）已在工商行政管理机关办理了讼争水电站的一系列变更、注销、设立新公司的工商登记手续；

（4）整个讼争水电站已经交付给买受人使用；

（5）原告与被告何某未对某市二级水电站提供作抵押的房屋、土地使用权办理抵押登记手续，原告在未能办理取水权的抵押登记手续的情况下未收取保管取水许可证原件以防止借款人的资产流失；

（6）原告也未能提供充分的证据证明第三人吕某、被告张某在主观上存在恶意。

因此，没有充分的证据和事实依据证明第三人吕某、被告张某是恶意购买讼争的水电站。

原某市二级水电站在借款时提供自己的企业资产为借款本息作抵押担保，并对部分动产在某市工商行政管理局办理了抵押登记手续，抵押权已设立，有登记对抗的效力。对于已经抵押登记的动产虽已交付给买受人，但原告依法有权对该部分动产在实现抵押权时优先受偿。对于其他没有抵押登记的房屋、土地使用权等不动产，抵押权未设立，无登记对抗效力，并且已经转让并交付给买受人；对于取水权，因取水权是一项行政许可权利，已随着水电站的转让而被行政许可给被告某市水电有限公司使用了，属于被告某市水电有限公司的权利资产。综上，除了已经办理登记抵押的动产外，原告起诉要求处置被告某市水电有限公司的其他资产并在处置所得款项范围内优先受偿的请求，没有法律依据，法院不予支持。

第三人吕某、被告张某均不是借款合同的当事人，不受借款合同的约束，没有向原告偿还借款本息的责任，故原告要求被告张某连带偿还借款本息，没有合同依据也没有法律规定的依据，法院不予支持；对于被告张某、第三人吕某、被告何某之间因转让水电站所产生的买卖合同争议，与本案的金融借款合同纠纷不属于同一法律关系，各方可另寻法律途径处理。

法院判决被告何某、李某偿还借款本金及利息；原告对被告某市水电站接收的原某市二级水电站的已登记抵押的动产在折价或拍卖、变卖所得的价款具有优先受偿权；驳回原告的其他诉讼请求。二审法院维持一审判决，本案已经审结。

六、办案小结

本案被告何某故意隐瞒企业资产抵押贷款的事实将水电站转让给他人，显然不符合诚信原则。本案借款和抵押合同不能突破合同相对性向合同外的第三人追偿。法院认定受让人善意购买是基于市场价格、款项足额支付、资产移交、正常经营、工商登记等综合因素，需要诉讼参与人充分举证，且属于法院的自由裁量范围。追加第三人参加诉讼是必须的，有利于法院查明水电站转让的交易事实。抵押以登记生效，抵押登记后才具有对抗效力，本案原告显然没有严格办理抵押登记手续，违反了金融机构的业务规程。个人独资企业是经营者对企业承担无限责任的企业形式，在受让企业资产时应委托专业的会计师或律师事务所进行财务、法律风险等方面的审查。建议在转让合同中明确违反承诺保证的法律责任，以此降低受让人的法律风险。

【专家点评】

本案是由于水电站（个人独资企业）的投资人何某在隐瞒水电站借款、抵押的情况下将水电站转让给第三人吕某，吕某受让经营后将水电站转让给张某。张某受让开展经营，并依法注销原个人独资企业，成立有限责任公司。按照《中华人民共和国个人独资企业法》第二条："本法所称个人独资企业，是指依照本法在中国境内设立，由一个自然人投资，财产为投资人个人所有，投资人以其个人财产对企业债务承担无限责任的经营实体。"第二十八条："个人独资企业解散后，原投资人对个人独资企业存续期间的债务仍应承担偿还责任，但债权人在五年内未向债务人提出偿债请求的，该责任消灭。"可见，个人独资企业的投资人应对企业债务承担无限责任，个人独资企业解散后原投资人仍对企业存续期间的债务承担偿还责任。

被告张某、某市水电有限公司的代理人能够从借款合同、抵押合同的相对性进行答辩，并追加第三人吕某参加诉讼，组织系列证据证明购买、注销个人独资企业的善意，维护了委托人的合法权益。同时，被告张某、某市水电有限公司的代理人从抵押登记入手，提出抵押清单附件中没有办理抵押登记和取水证许可过期等事实，对原告提出处置所有原水电站资产的诉求进行有效答辩，维护了某市水电有限公司的权益。上述诉讼策略显然是成功的，主要观点被法院采纳。

本案具有特殊性和复杂性。其一是借款合同、抵押合同是否可以追溯个人独资企业的后继投资人，金融机构可否突破合同相对性向受让人追偿，从《中华人民共和国合同法》及相关司法解释来看，显然无法突破合同相对性。其二是依次受让水电站的吕某、张某是否是善意受让人，法院采取综合评价的方式，从转让价格、价款支付、水电站交付、经营现状、工商登记等评价善意受让，维护了市场交易的稳定，有利于本案矛盾纠纷的化解。

本案是一起某信用社诉某水电有限公司、张某、何某、李某、第三人吕某金融借款合同纠纷。本案借款人向贷款方借款后，不断转让，最后转让给张某。每次转让都涉及新的法律关系，因此分析该案需要界定及注意以下问题：

第一，借款合同属于债权关系，是借款人向贷款人借款，到期返还借款并支付利息的合同。本案的借款人是某市二级水电站、何某，贷款方是某信用社。

本案原告某信用社按合同约定向某市二级水电站、何某发放了贷款。当时借款方是某市二级水电站、何某，借款金额 900 万元，借款期限从 2013 年 4 月 27 日起至 2018 年 4 月 27 日止。

第二，某市二级水电站和某市大森林水电站的性质是个人独资企业，个人独资企业的责任承担，依据《个人独资企业法》规定承担的是无限责任。当年借款时的个人独资企业是某市二级水电站，其投资人是何某。

何某2013年3月份与出让人莫某签订某市二级水电站转让协议时，某市二级水电站的企业性质是个人独资企业，个人独资企业的责任承担是无限责任。何某从莫某处购得某市二级水电站后，申请向信用社借款的行为，依据《中华人民共和国个人独资企业法》第二条："本法所称个人独资企业，是指依照本法在中国境内设立，由一个自然人投资，财产为投资人个人所有，投资人以其个人财产对企业债务承担无限责任的经营实体。"所以何某应当是本案的借款方，应承担无限责任。

尽管涉及的某市二级水电站，经历了2013年何某经营到2015年5月25日何某向第三人吕某转让水电站。2015年7月30日，第三人吕某申请工商局将某市二级水电站名称变更为某市大森林水电站。2016年1月14日，第三人吕某将水电站转让给被告张某，并将股东吕某变更为张某。2016年6月27日，张某向某市工商局申请解散注销某市大森林水电站，清算报告记载："通知公告债权人情况，企业债权债务已清理完毕。"工商局依申请注销了某市大森林水电站，并核准成立了被告某水电有限公司。至此该某市二级水电站到某市大森林水电站，属于个人独资企业解散。

而新的某水电有限公司，是具有法人性质的公司，按公司法的规定承担的是有限责任。与其之前的某市二级水电站、某市大森林水电站已属于不同的主体，其性质及承担责任都是不同的。

第三，第三人吕某、被告张某是依次善意取得某市二级水电站、某市大森林水电站，我们应依据以下几点：

（1）某市二级水电站是何某转让给吕某的，吕某转让给张某，其间是否经过合法转让？从本案提供的资料可见是经过工商部门处理的，并有转让协议书，是合法的。

（2）每次转让协议中是否有说明"2013年向信用社（原告）借款并要偿还"的事实？从现有的材料中可见没有说明，何某也没有说明，后面的受让方自然就更不知道此事。后吕某向张某转让公司时当然也不可能就该笔借款向双方说明。

（3）该借款从 2013 年何某向原告借款后，将水电站转让给吕某，再从吕某转让到张某，其间是从 2013 年 4 月 27 日起至 2018 年 4 月 27 日止。此期间原告没有要求偿还也是履行合同约定的，但本案的材料也没有表明，在此期间被告是否偿还利息的问题。如果被告一直没有偿还利息，原告在这期间，应积极主张利息等权利。

以上可以看出，本案是由于水电站（个人独资企业）的投资人何某在转让水电站时，隐瞒水电站借款、抵押的事实，第三人吕某对此是不知情的，可以认定是善意行为。吕某受让经营后将水电站转让给张某，张某对此前的借款问题也是不知情的，所以吕某和张某应属于善意取得。

第四，原借款主体某市二级水电站已经不存在，借款主体单位的企业性质是“个人独资企业”，依法承担责任的独资企业投资人是何某。

当年借款时企业原名“某市二级水电站”，后改为“某市大森林水电站”。到 2016 年 6 月 27 日，张某向某市工商局递交了《个人独资企业登记（备案）申请书》《某市大森林水电站清算报告》，申请解散注销某市大森林水电站，清算报告记载：“通知公告债权人情况，企业债权债务已清理完毕。”工商局依申请注销了某市大森林水电站。

由此可见原借款主体已经不存在。而原投资人何某当年经营某市二级水电站期间向原告借款，造成拖欠原告的债务，应承担偿还责任。

《中华人民共和国个人独资企业法》第十八条规定：“个人独资企业投资人在申请企业设立登记时明确以其家庭共有财产作为个人出资的，应当依法以家庭共有财产对企业债务承担无限责任。”借款时被告何某、李某是夫妻关系，该笔借款属于夫妻共同债务，故被告李某与被告何某有共同偿还义务。但这里也需要证明该笔借款是否属于家庭共同使用。

第五，原告只能就抵押登记的部分动产财产享有优先受偿的权利，行政许可属性的取水证期限已过，原告无法行使该权利。

抵押是债权实现的保证，但本案原告在与第一被告何某签署抵押登记时，并没有将不动产建筑物等进行抵押登记，也就不能行使处置权。所以原告起诉要求处置被告某市水电有限公司的其他资产并在处置所得款项范围内优先受偿的请求，没有法律依据，法院不予支持。而取水权是受行政管理的约束的，行政许可行为要得到政府的审核并进行年度审查检验，过期没有经过许可该权利即被取消。

为此给我们的启示是，在办理债权担保和保全时，不动产要到行政机关进行登记，对动产质押要进行核兑，这样才能真正起到保护的作用。

该案原告及代理人，注重取证借款人及转让人的调查和了解事实脉络，用证据给法官及当事人感知事件的发展状况。可以看出，这一过程是需要付出很多时间和精力进行调查的，呈现给我们的是脉络清晰的案情事实，使法官能了解事实真相，进行依法判决。

（点评人：孙丽华，广东石油化工学院文法学院教授）

节能减耗技术服务合同纠纷的是非曲直

——M 市 HY 节能技术开发有限公司与被告 M 市 SZ 沥青有限公司技术服务合同之诉

陈　星

一、当事人和代理律师的基本情况

原告（反诉被告）：M 市 HY 节能技术开发有限公司（以下简称 HY 节能公司）

被告（反诉原告）：M 市 SZ 沥青有限公司（以下简称 SZ 沥青公司）

委托诉讼代理人：陈星、周怀志，广东诚挚律师事务所律师

二、案情概况

（一）案由

技术服务合同纠纷。

（二）基本案情

HY 节能公司于 2012 年 3 月 28 日发明生物质垃圾热能转换器，又称热源机，获得国家专利局授予专利权（专利号为 201120106691.5），配套燃烧生物质垃圾燃料，生物质成型燃料及石油焦粉燃料。后经广东省特种设备检测，该设备配套锅炉使用运行正常，达到用户锅炉热能额定功率。

为将热源机应用于工业生产装置，HY 节能公司经有关单位人员介绍与 SZ 沥青公司取得联系，向其介绍了热源机的生产原理和方法，强调热源机的节能效果。SZ 沥青公司本着节能且节省生产成本的目的，与 HY 节能公司达成合作意向。

2012年3月20日，SZ沥青公司与HY节能公司签订《应用新技术成果协议书》一份，主要约定：第一条：合作期，自本协议书生效日起计，合作期5年，期满后须延期时，双方另行商定。第二条：实施技术的方式和HY节能公司技术指标，由HY节能公司提供热源机（不计价）给SZ沥青公司使用，并负责该机安装、维修（含费用），热源机所有权归HY节能公司所有；并专供燃料（生物质料或改性油焦粉）给SZ沥青公司窑炉燃烧，HY节能公司确保所提供的产品安装、使用合法。燃料费按批次结算，燃料费结算办法按第三条规定执行。HY节能公司燃料达到的技术指标为达到双方核定的SZ沥青公司应用HY节能公司新技术前窑炉加温等量的物料时的炉温；HY节能公司燃料燃烧后的残留物不影响沥青混凝土质量。HY节能公司书面提供燃料所含物质给SZ沥青公司确认第六条违约责任的承担，合作期内，因HY节能公司产品（技术或质量）问题引发（安全或质量）事故，SZ沥青公司免责，事故造成的损失由HY节能公司负责。若SZ沥青公司人员违反《热源机操作使用说明书》操作造成的安全、质量事故，HY节能公司免责。违反约定者，要赔偿对方由此造成的经济损失，因人力不可抗因素除外。同日，双方还签订《附件一：应用新技术成果协议书补充条款》（以下简称附件一）和《附件二：应用新技术成果协议书补充条款》（以下简称附件二）。附件一第三条作了如下约定：

（1）HY节能公司在SZ沥青公司实施技术结束时，SZ沥青公司须在10天内付清应支付HY节能公司的燃料费。

（2）当HY节能公司生产燃料的原料价大幅度上升和SZ沥青公司原来用的燃料价大幅度下降，HY节能公司在SZ沥青公司实施技术的收益不够支付驻SZ沥青公司人员工资和燃料费开支，出现亏损时，双方应协商新的SZ沥青公司支付HY节能公司燃料费办法。如在HY节能公司提出协商时，10日内双方无法达成补充协议，HY节能公司停止提供技术支持。

（3）如HY节能公司接到SZ沥青公司生产通知后10天内无法供货或生产期间燃料断货且3天内无法恢复供货时，HY节能公司负责恢复SZ沥青公司原有燃炉装置，以确保SZ沥青公司生产。属于HY节能公司人力不可抗的原因除外。恢复供货和重新启用HY节能公司热源机的时间双方协商，当热源机发生故障且3天至5天内无法修复时，适用本条款。

附件二第二条约定：

（1）按SZ沥青公司XL沥青站窑炉加温吨物料所用的重油费用的90%计，支付燃烧HY节能公司燃料加温吨物料的燃料费（重油价按SZ沥青公司生产期间的重油市场价为准）。

（2）HY节能公司与SZ沥青公司合作应用该技术时，HY节能公司供燃料给SZ沥青公司的方式为先供燃料后结算。HY节能公司燃料货到，SZ沥青公司按进货当期的重油价格、重量按约定的90%计，支付货款的50%，余款月结付清。HY节能公司须具备确保SZ沥青公司生产一个月所需燃料的供货能力。

（3）SZ沥青公司支付HY节能公司的燃料费，汇到HY节能公司书面指定的账户；若SZ沥青公司违反此规定支付的款项，HY节能公司不予确认。

（4）SZ沥青公司确保按双方约定的时间及时支付燃料款给HY节能公司生产燃料。

签订以上协议后，HY节能公司与其他公司签订协议进行制造、安装热源机及配套设备、生产改性油焦粉等工作。在安装好热源机后，SZ沥青公司利用该热源机进行了生产。

2012年4月1日，HY节能公司与M市XL机电设备有限公司签订《热源机制造计划书》，委托M市XL机电设备有限公司制造热源机1台（包括进料装置2台），价格36 000元，交货地点为M市GD市政沥青站。同月3日，HY节能公司与M市HT机电销售部签订《风机购货单》，向M市HT机电销售部购买9－19－4.5A、5.5kW风机1台（含调节门），单价2 480元/台；4－72－5A－15kW风机1台（不含调节门），单价3 500元/台，合计金额5 980元。同日，HY节能公司与M市YC保温材料经营部签订《耐火材料购货单》，向M市YC保温材料经营部购买耐火砖等，合计货款7 496元。同月4日，HY节能公司又与M市HT

机电销售部签订《调速系统购货单》，购买变频调速电动机（5.5kW）相配减速器（速比1∶43），变频器1台，单价4 750元/台；普通电机（5.5kW）相配减速器（比速1∶29）1台，单价2 500元/台；总货款7 250元。同月30日，HY节能公司与M市FH电器有限公司签订《关于制作电器控制箱的协议书》，委托M市FH电器有限公司制作电器控制箱，制作费用2 300元/台。同年5月1日，HY节能公司与M市BL广播电视工贸有限公司签订《委托焊接、安装燃料斗计划书》，约定人工费合计19 500元；其他费用16 000元。

2012年8月4日，HY节能公司提供的热源机开始投入生产，次日，该热源机机盖被烧穿，同月8日修复。同月12日热源机机盖再次出现故障，HY节能公司与M市BL广播电视工贸有限公司签订《委托维修热源机机盖计划书》约定在同月18日前完成热源机盖维修工作，但未见已修复的证据。

2012年11月5日，HY节能公司向SZ沥青公司发出《关于建议举行正式会议、协商处理双方执行〈协议书〉争议事宜的函》。

2013年6月16日，SZ沥青公司向HY节能公司发出《关于节能合作相关事项的函》，提出终止合作，并要求HY节能公司撤回热能机及附属装置。

2013年7月11日，HY节能公司与SZ沥青公司签订《油焦粉结算单》，双方确认生产的沥青混合料的时间为2012年8月、9月、10月，合计生产沥青混合料22 995吨，折合用重油1 484.85公斤，合计金额55 774.37元。该单上备注：

①每生产一吨沥青混合料按7公斤×0.9用量计取。

②共用油焦粉35.3吨。其中，调试热源机用油焦粉7.7吨。SZ沥青公司已支付给HY节能公司55 774.37元。

2013年10月23日，HY节能公司委托M市MN志威矿业有限公司代行管理热源机及配套设备。

HY节能公司提供的“《工业锅炉热工性能试验报告》试验工况说明”的主要内容为：该锅炉燃用鸿宇生物质燃料（该生物质燃料由HY节能公司生产），生物质燃料在热源机（热源机由HY

节能公司和广东省 M 市 BL 广播电视工贸有限公司共同合作生产）内燃烧后，产生火焰喷入锅炉燃烧。在试验工况下，锅炉燃烧稳定，运行状态良好。

2013 年 11 月 11 日，HY 节能公司认为 SZ 沥青公司没有按约定的结算方式向其支付费用构成违约，应按照合同约定赔偿其损失，遂向 GD 省 M 市 MN 区人民法院提起诉讼［案号为：（2013）MN 法民二初字第 477 号］，诉讼请求为：

（1）判令 SZ 沥青公司赔偿热源机及配套设备制造、安装费 147 205 元；

（2）判令 SZ 沥青公司赔偿设备调试燃料费 18 037 元；

（3）判令 SZ 沥青公司赔偿设备安装、调试、生产人员工资 66 500 元；

（4）判令 SZ 沥青公司赔偿技术顾问费 6 000 元；

（5）判令 SZ 沥青公司赔偿单方中止实施 HY 节能公司技术，造成 HY 节能公司实施技术收益的损失 70 037 元；

（6）判令 SZ 沥青公司支付协助安装热源机人员方 × 人工费用 3 500 元；

（7）判令 SZ 沥青公司赔偿购买点火材料（燃煤）费用 2 275元；

（8）判令 SZ 沥青公司赔偿 HY 节能公司拆除的热源机及配套设备移址保管运费（含吊机费）1 700 元；

（9）本案诉讼费用由 SZ 沥青公司负担。

2014 年 2 月 24 日，SZ 沥青公司认为 HY 节能公司提供的热源机没有达到节能效果且中途停止提供燃料，应依约赔偿其损失，遂提起反诉。反诉请求：

（1）判令解除双方于 2012 年 3 月 20 日签订的《应用新技术成果协议书》及其附件一、附件二；

（2）判令 HY 节能公司赔偿原有燃煤装置费用 500 000 元；

（3）判令 HY 节能公司赔偿配合安装热源机员工的工资 58 455元；

（4）判令 HY 节能公司赔偿 2012 年 8 月 5 日热源机机盖被烧

穿后被迫停工的经济损失 42 923 元；

（5）判令 HY 节能公司在相同类型燃煤装置试用油焦粉的差旅费、邀请专家到搅拌站指导生产的费用 4 608 元；

（6）判令 HY 节能公司赔偿购买重油燃烧器、空压机、油罐等燃烧装置及配套设施 259 100 元；

（7）判令 HY 节能公司赔偿加装输油管道、改造电力线路、安装重油燃烧装置及配套设施、改建仓库等费用 23 636. 46 元；

（8）判令本案诉讼费用由 HY 节能公司承担。

（三）案件审理经过

2014 年 10 月 30 日，GD 省 M 市 MN 区人民法院作出民事判决，HY 节能公司不服向二审法院提出上诉，M 市中级人民法院于 2015 年 4 月 16 日作出二审民事判决。HY 节能公司向 GD 省高级人民法院申请再审，2017 年 6 月 28 日，GD 省高级人民法院作出民事裁定，裁定如下：

（1）撤销 GD 省 M 市中级人民法院（2015）茂中法民四终字第 11 号民事判决及 M 市 MN 区人民法院（2013）MN 法民二初字第 477 号民事判决；

（2）本案指令 GD 省 M 市中级人民法院按照第一审程序审理。

2018 年 8 月 22 日，M 市中级人民法院作出终审判决。判决：

（1）解除 M 市 SZ 沥青公司与 M 市 HY 节能公司于 2012 年 3 月 20 日签订的《应用新技术成果协议书》及附件一、附件二；

（2）驳回 M 市 HY 节能公司的诉讼请求；

（3）驳回 M 市 SZ 沥青公司的其他反诉请求。

三、争议焦点和分歧

（1）HY 节能公司、SZ 沥青公司是否存在违约。

（2）HY 节能公司要求 SZ 沥青公司赔偿投资制造热源机及配套设备费用损失 147 205 元、人工费损失 76 000 元、投资设备调试燃料费用 18 037 元、投资其他费用损失 3 975 元是否有依据。

（3）SZ 沥青公司要求 HY 节能公司赔偿原有燃煤装置费用 500 000 元，配合安装热源机员工工资 58 455 元，停工损失 42 923 元，邀请专家费用 4 608 元，购买重油燃烧器、空压机、油罐等燃烧装置及配套设施 259 100 元，加装输油管道、改造电力线路、安装重油燃烧装置及配套设施、改建仓库等费用 23 636.46 元是否有依据。

（4）《应用新技术成果协议书》及附件一、附件二是否应解除。

四、律师代理意见和各方观点

（一）原告 HY 节能公司代理人的意见

原告 HY 节能公司研制的热源机是一种敞开式燃烧生物质燃料（用木糠或用谷壳制成），喷火焰进用户锅炉（或窑炉、加温炉）适用，代替燃油、燃煤做锅炉（或窑炉、加温炉）燃料的燃烧生物质燃料的设备。

原告在推广技术产品时，就热源机的检测事项，请示了 MM 质监局锅炉管理部门，其答复是：根据《中华人民共和国特种设备安全阀》《特种设备目录》和热源机烧生物质燃料，喷火焰进用户锅炉使用的特点，热源机不是特种设备，不属于强检范围。

原告于 2010 年 5 月起，在 M 市 NY 科技学校实施该项技术，由原告提供热源机给该校配套锅炉使用，提供生物质燃料给该校燃烧。

为了验证该校锅炉生物质燃料时锅炉的热效率，验证锅炉燃烧设备烧生物质燃料时的运行状况及热源机的可靠性、合理性，原告委托 GD 省特种设备检测院 SD 分院对该校锅炉热工性能测定并由该院作出《工业锅炉热工性能试验报告》。

2012 年 3 月 20 日，原告向被告提交《工业锅炉热工性能试验报告》，后双方签订了《应用新科技成果协议书》及附件，约定由原告提供热源机给被告配套其窑炉使用，负责安装、维修，并转供燃料（生物质燃料或改性油焦粉给被告窑炉燃烧）。

因此，认为SZ沥青公司构成违约，依据如下：

首先，HY节能公司已经按照双方签订的《应用新技术成果协议书》以及附件一、附件二，为SZ沥青公司安装了热源机及其相应设备，并且按照SZ沥青公司的要求，在2012年8月、9月、10月三个月期间向其提供油焦粉燃料共35.3吨，生产沥青混合料2 299.5吨，已经履行了相应的合同义务。但是根据附件二第二条约定："HY节能公司燃料货到，SZ沥青公司按进货当期的重油价格，重量按约定的90%计，支付货款的50%，余款月结付清。"以及按照被告XL沥青站窑炉加温吨物料所用重油费用90%计算支付原告燃料加温吨物料的燃料费，被告应按照上述约定计算燃料费。但被告却违反协议及附件的约定，坚持按照"业内经验值6~7公斤计取"计算燃料费，已构成违约。

其次，SZ沥青公司违反协议书及附件，在协议书有效期内，其单方拆除HY节能公司安装的热源机及相关设备，终止使用HY节能公司燃料，导致HY节能公司在SZ沥青公司实施技术成果时投入的资金无法收回（HY节能公司从燃料利润中收回投资），造成重大经济损失，SZ沥青公司应当依法承担违约责任。根据《中华人民共和国合同法》第一百一十三条："当事人一方不履行合同义务或者履行合同义务不符合约定，给对方造成损失的，损失赔偿额应当相当于因违约所造成的损失，包括合同履行后可以获得的利益，但不得超过违反合同一方订立合同时预见到或者应当预见到的因违反合同可能造成的损失。"所以SZ沥青公司违反合同约定，应当赔偿HY节能公司为双方合作所做的准备而造成的损失，包括热源机及配套设备制造、安装费147 205元，设备调试燃料费18 037元，设备安装、调试、生产人员工资66 500元，技术顾问费6 000元，单方中止实施HY节能公司技术后造成HY节能公司实施技术收益的损失70 037元。

（二）被告SZ沥青公司代理人意见

1. SZ沥青公司不构成违约

（1）SZ沥青公司依约履行了《应用新技术成果协议书》的

义务，腾空安装热源机的场地，通水通电，安排机修工、电工等人员配合 HY 节能公司的施工。

在 HY 节能公司作出至少为 SZ 沥青公司节省 10% 以上的现时能源成本的承诺后，于 2012 年 3 月 20 日，就应用 HY 节能公司的新技术成果，SZ 沥青公司与 HY 节能公司签订《应用新技术成果协议书》，约定：甲方（即 SZ 沥青公司）负责清理热源机、料罐安装场地；提供窑炉有关资料；负责水费和应用新技术前的用电额度的电费；依附件二约定支付燃料费。2012 年 3 月底，SZ 沥青公司拆除了官渡 2000 型沥青搅拌站原装燃煤装置，腾出 HY 节能公司安装热源机和料罐的场地。2012 年 4 月 1 日，HY 节能公司进场施工，SZ 沥青公司安排刘 × ×、谢 × ×、方 ×、阳 × × 等机修、电工人员配合 HY 节能公司的施工。由于 HY 节能公司所谓专利产品及配套设置是临时委托加工制造的，致使新技术设备的投产日期一再推迟，直至 2012 年 7 月 11 日 HY 节能公司才开始调试新技术设备，2012 年 8 月 4 日才开始正式投产。因此，SZ 沥青公司已履行了协议书约定的全部义务。

（2）就石油焦粉燃料费，双方经协商已达成一致意见，在起诉前 SZ 沥青公司全部支付完毕，不构成违约。

双方曾约定以 XL 沥青站窑炉加温吨物料耗重油量计算确定燃烧费。但约定的加温吨物料耗重油量计算办法涉及雨天、冷天等各种天气，且 XL 沥青站窑炉不经常生产，可操作性差，因而无法确定加温吨物料耗重油量，从而无法计算燃烧费，双方对此存在一定争议。《中华人民共和国合同法》第六十一条规定，合同约定不明，双方可协商确定。双方多次协商后一致以行内经验值 7 公斤重油量（即建设工程造价沥青混凝土燃油成本）作为加温吨物料耗重油量计算燃烧费。在 HY 节能公司起诉前，SZ 沥青公司已履行了支付燃烧费的义务，所以 SZ 沥青公司不构成违约。

2. HY 节能公司要求 SZ 沥青公司赔偿各项费用共计 307 779 元于法无据

根据《中华人民共和国合同法》第三百三十条第四款“当事人之间就具有产业应用价值的科技成果实施转化订立的合同，参照技术开发合同的规定”及第三百三十八条第一款“技术开发合同履行过程中，因出现无法克服的技术困难，致使研究开始失败或部分失败的，该风险责任由当事人约定。没有约定或者约定不明确，依照本法第六十一条的规定仍不能确定的，风险责任由当事人合理分担”的规定，原告 HY 节能公司诉求内容均在《应用新技术成果协议书》第二条“由 HY 节能公司提供热源机（不计价）给 SZ 沥青公司使用，并负责该机安装、维修（含费用）”的约定，原告请求由被告承担于法无据。

3. HY 节能公司未确保提供的热源机安全生产和依约提供石油焦粉，构成严重违约，应承担违约责任，赔偿 SZ 沥青公司损失

（1）热源机不能安全生产，HY 节能公司已构成违约，导致 SZ 沥青公司经济损失 601 378 元。

原告 HY 节能公司保证热源机能安全生产是根本任务，是履行《应用新技术成果协议书》的基础，HY 节能公司在协议书第二条中明确写道“确保所提供的产品安装、使用合法”。但热源机炉盖在试运行期间 10 日内有两次被烧穿冒火（2012 年 8 月 5 日和 2012 年 8 月 13 日），出现严重的安全事故。HY 节能公司一直无法从根本上解决此事，从而无法保证热源机安全生产，SZ 沥青公司不得不停止生产，HY 节能公司已构成违约，导致 SZ 沥青公司损失 601 378 元，其中包括原有的燃煤装置费用 500 000 元、配合安装热源机员工的工资共 58 455 元和被迫停工的经济损失共 42 923 元。

（2）HY 节能公司未按约定主动恢复原来的燃烧装置和提供石油焦粉，SZ 沥青公司被迫变更燃烧设备，损失 287 344. 46 元。

在履行协议书过程中，HY 节能公司既无法解决热源机冒火问题，又不肯依约恢复原来的燃煤设备，为了完成生产任务，SZ 沥青公司只好自己恢复燃煤设备。SZ 沥青公司试验并确认石油焦粉与原有的燃煤燃烧器相匹配后，在 2012 年 9 月 20 日，SZ 沥青公司按约定提前 10 天要求 HY 节能公司供石油焦粉。但至 2012 年 10 月 7 日，HY 节能公司仍未依约提供石油焦粉，以致 SZ 沥青

公司无法生产，HY 节能公司已构成违约。为了完成生产任务，SZ 沥青公司被迫更换燃烧设备，于 2012 年 11 月 5 日购买重油燃烧设备。合计损失 287 344.46 元，其中包括差旅费等费用 4 608 元、重油燃烧装置及配套设施 259 100 元和加装输油管道及改建仓库等费用 23 636.46 元。

综上所述，在履行协议书过程中，不但 HY 节能公司的热源机存在安全隐患，而且 HY 节能公司未能依约提供石油焦粉，以致 SZ 沥青公司不能实现安全生产目的。根据《中华人民共和国合同法》第九十四条第四项规定和第九十七条，SZ 沥青公司有权要求赔偿损失 888 722.46 元。

4. 应解除《应用新技术成果协议书》及附件一、附件二

双方约定 HY 节能公司“确保提供的产品安装、使用合法”，然而在工作过程中热源机居然烧穿机盖顶，修复后又烧穿。显然 HY 节能公司的热源机燃烧油焦粉是不安全的，无法实现合同主要目的，更无法保证 SZ 沥青公司连续生产。

附件一约定：如乙方（即 HY 节能公司）接甲方（即 SZ 沥青公司）生产通知后 10 天内无法供货或生产期间燃料断货且 3 天无法恢复供货时，乙方负责恢复甲方原有燃炉装置，以确保甲方生产。附件二约定：按 XL 沥青站窑炉加温吨物料所用的重油用的 90% 计算、支付燃烧费。节省成本是 SZ 沥青公司与 HY 节能公司合作的出发点和最终目的，SZ 沥青公司的目标非常明确：应用新技术不但应达到 SZ 沥青公司的技术指标和满足生产需求，还应为 SZ 沥青公司至少节省 10% 的能源成本，即以 XL 的沥青站窑炉加温吨物料所用的重油费用为标准，按其 90% 计算、支付燃烧费。

2012 年 8 月 12 日，热源机机盖再次被烧穿后，HY 节能公司一直未能修好热源机。在此期间，SZ 沥青公司派人员到广西壮族自治区北海市使用同类型燃煤装置的沥青搅拌站做试验，以油焦粉替代煤粉生产沥青混凝土。SZ 沥青公司还邀请原燃煤装置生产厂家的专家到搅拌站指导生产。2012 年 8 月 18 日，SZ 沥青公司恢复原来的燃煤装置，并以油焦粉作燃料生产沥青混凝土至 2012

年10月7日。比较之下，HY节能公司的热源机加温吨物料所用油焦粉约16.6公斤，而SZ沥青公司原来的燃煤装置加温吨物料所用油焦粉约8.5公斤。由此可见，HY节能公司的热源机不但有质量缺陷，更存在安全隐患。

2012年9月18日，SZ沥青公司要求HY节能公司继续提供油焦粉，但HY节能公司以燃料费计算方式有异议为由拒绝继续提供油焦粉，且不肯解除协议，导致SZ沥青公司不能正常生产和供应沥青混凝土。燃料费计算方式有异议可以协商最终解决，且双方未约定当燃料费有异议时HY节能公司可以不提供油焦粉。HY节能公司的行为已构成根本违约。依据《中华人民共和国合同法》第九十四条："有下列情形之一的，当事人可以解除合同……（四）当事人一方迟延履行债务或者有其他违约行为致使不能实现合同目的"，第九十六条："当事人一方依照本法第九十三条第二款、第九十四条的规定主张解除合同的，应当通知对方。合同自通知到达对方时解除。"2013年6月16日，SZ沥青公司向HY节能公司发出《关于节能合作相关事项的函》，提出终止合作，并要求HY节能公司撤回热能机及附属装置。HY节能公司现已拆除热能机，并终止与SZ沥青公司的合作，合同及附件一、附件二已终止。

五、代理结果和理由

M市中级人民法院一审判决支持了被告解除双方于2012年3月20日签订的《应用新技术成果协议书》及其附件一、附件二，以及驳回原告的诉讼请求，判决：

（1）解除M市SZ沥青公司与M市HY节能公司于2012年3月20日签订的《应用新技术成果协议书》及附件一、附件二；

（2）驳回M市HY节能公司的诉讼请求；

（3）驳回M市SZ沥青公司的其他反诉请求。

（一）HY节能公司、SZ沥青公司是否存在违约问题

（1）在国家未对窑炉和热源机的设计、生产安装、使用作为

特种设备监管的情况下，HY 节能公司从事相关业务不违反法律强制性规定，HY 节能公司与 SZ 沥青公司签订的《应用新技术成果协议书》及其附件一、附件二是双方真实意思表示，不损害社会公共利益，不违反法律、行政法规的强制性规定，为有效合同，双方均应依照合同约定履行各自的义务。

（2）根据《应用新技术成果协议书》第五条第五项的约定："HY 节能公司热源机经国家知识产权局授予专利，SZ 沥青公司若侵犯 HY 节能公司知识产权时，按国家相关法律法规处理。"由此可见，双方约定的热源机应是 HY 节能公司的专利产品，但从 HY 节能公司签订上述协议后委托其他单位制造热源机的事实看，其提供的热源机并不是其单位的专利产品，因此，HY 节能公司提供的热源机不符合上述协议的约定。同时，涉案热源机机盖第二次出现故障后，现无证据证明 HY 节能公司已在约定的时间内修复，HY 节能公司也没有恢复原有燃炉装置，已构成违约。

（3）根据附件二第二条约定，SZ 沥青公司支付货款是按月结付清，但 SZ 沥青公司在 2013 年 6 月 16 日提出终止合作后才与 HY 节能公司结算油焦粉及付清该油焦粉货款，亦已构成违约。

（二）关于 HY 节能公司向 SZ 沥青公司索赔是否有依据的问题

《中华人民共和国合同法》第一百零七条规定："当事人一方不履行合同义务或者履行合同义务不符合约定的，应当承担继续履行、采取补救措施或者赔偿损失等违约责任。"本案中，根据《应用新技术成果协议书》及附件一、附件二的约定，HY 节能公司无偿提供热源机给 SZ 沥青公司投产使用，并提供免费安装、维修服务，操作人员的工资也由 HY 节能公司负担，SZ 沥青公司只需支付燃料费。由此可见，合同中没有约定 SZ 沥青公司应支付制造热源机及配套设备费用 147 205 元、人工损失 76 000 元、投资设备调试燃料费用 18 037 元、投资其他费用损失 3 975 元等款项给 HY 节能公司的义务。HY 节能公司主张 SZ 沥青公司单方终止合同造成其投资制造热源机及配套设备费用损失 147 205 元、人工费损失 76 000 元、投资设备调试燃料费用损失 18 037 元、投资其他费用损失 3 975 元，要求 SZ 沥青公司予以赔偿上述损失。但合同不能继续履行的主要原因是热源机并不是 HY 节能公司的专利产品，而是其委托生产的产品，且本案热源机是使用于窑炉，HY 节能公司提供的《工业锅炉热工性能试验报告》不能证明涉案的热源机符合涉案合同的要求。同时，该热源机在使用期间出现故障，第二次出现热源机机盖顶被烧穿后，未见修复记录，双方实际履行合同 3 个月后，没有继续使用。由于在履行合同过程中，HY 节能公司与 SZ 沥青公司均存在违约行为，因此，造成的损失应由其各自承担。HY 节能公司上述请求，法院不予支持。

（三）关于 SZ 沥青公司向 HY 节能公司索赔是否有依据的问题

SZ 沥青公司在 2012 年 11 月已停止使用 HY 节能公司提供的热源机，并于 2013 年 6 月 16 日单方提出终止双方合作，但 SZ 沥青公司没有按合同约定的时间支付热源机使用的油焦粉货款，亦已构成违约，因此造成的损失应由其自行承担。SZ 沥青公司要求 HY 节能公司赔偿原有燃煤装置费用 500 000 元，配合安装热源机员工工资 58 455 元，停工损失 42 923 元，邀请专家费用 4 608 元，购买重油燃烧器、空压机、油罐等燃烧装置及配套设施 259 100 元，加装输油管道、改造电力线路、安装重油燃烧装置及配套设施、改建仓库等费用 23 636.46 元，法院不予支持。

（四）关于《应用新技术成果协议书》及附件一、附件二应否解除的问题

SZ 沥青公司在 2012 年 11 月已经不再使用涉案的热源机，并于 2013 年 6 月 16 日提出终止双方合作，同年 10 月 23 日，HY 节能公司委托 M 市 MN 志威矿业有限公司代行管理热源机及配套设备。双方实际上已不再履行《应用新技术成果协议书》及附件一、附件二，由此可见，双方均不能依据合同约定实现其各自的合同目的，现 SZ 沥青公司要求解除上述合同，法院予以支持。

六、办案小结

（一）定性准确是确定本案审理程序和法律适用正确的基础

原告于2013年11月19日向M市MN区人民法院提起诉讼，一审法院将该案确定为合同纠纷。被告代理律师以被告违反《应用新技术成果协议书》为由向法院提起诉讼，该案是技术合同纠纷，依照《最高人民法院关于审理专利纠纷案件适用法律问题的若干规定》第二条、《最高人民法院关于审理技术合同纠纷案件适用法律若干问题的解释》第四十三条的规定，应由M市中级人民法院管辖，被告依法向一审法院提起《管辖权异议申请书》，后被一审驳回管辖异议。之后经历本案的一审、二审、再审，因审理程序不合法，发回M市中级人民法院一审重审，导致本案从2013年11月受理案件到2018年8月22日作出重审一审判决，历经近5年的时间，延长了案件的终审判决的时间，也给双方当事人的工作和生活带来影响。

案件定性准确是正确适用法律的基础，也是判决公平公正的重要保障。GD省高级人民法院认为：《中华人民共和国合同法》第三百五十六条第二款规定“技术服务合同是指当事人一方以技术知识为另一方解决特定技术问题所订立的合同，不包括建设工程和承揽合同”。《最高人民法院关于审理技术合同纠纷案件适用法律若干问题的解释》第三十三条规定：“合同法第三百五十六条第二款所称‘特定技术问题’，包括需要运用专业技术知识、经验和信息解决的有关改进产品结构、改良工艺流程、提高产品质量、降低产品成本、节约资源能耗、保护资源环境、实现安全操作、提高经济效益和社会效益等专业技术问题。”本案中，根据SZ沥青公司与HY节能公司签订的协议书及附件，合同内容涉及HY节能公司向SZ沥青公司生产沥青的燃煤窑炉提供配套热源机及专用燃料，HY节能公司同时提供热源机的安装、调试、维修服务并协助、指导SZ沥青公司使用热源机。协议书及附件对HY节能公司提供的热源机及燃料应当达到的技术要求、合同价款的计算和支付方式等进行了约定。由此可见，上述协议书及附件的标的属于运用专业技术知识、经验和信息解决原有燃煤窑炉耗能大、成本高的问题的服务型项目，服务内容为改进产品结构、工艺流程、节约资源能耗，实现提高经济效益等专业技术工作，对于工作成果设定了具体的质量和数量指标，且不涉及知识产权的归属。上述合同特征符合《技术合同认定规则》第四十条关于技术服务合同认定条件的规定，应认定为技术服务合同，双方就此发生的纠纷属于技术服务合同纠纷。一审、二审判决认定本案案由为一般合同纠纷错误，法院予以纠正。

（二）本案对协议书及其附件合法性的认定符合国家节能减耗的发展战略

原一审、二审将《应用新技术成果协议书》、附件一、附件二认定为无效合同。

再审法院认为协议书及附件为有效合同，其理由为：首先，本案中SZ沥青公司与HY节能公司签订协议书及附件的时间为2012年3月20日，而《中华人民共和国特种设备安全法》自2014年1月1日起施行，因此一审、二审判决在本案中适用《中华人民共和国特种设备安全法》认定协议及附件无效错误。其次，协议书及附件明确记载技改项目针对的是SZ沥青公司的窑炉而不是锅炉，根据SZ沥青公司在再审庭审时的表述，其使用的设备“直接喷火进去融化沥青，然后搅拌砂石”，亦不符合《特种设备安全监察条例》第九十九条第一款第（一）项关于锅炉的定义，因此本案中SZ沥青公司使用并由合同约定进行改造的设备是窑炉并非锅炉。再次，根据《特种设备安全监察条例》第二条第一款的规定，窑炉及其附属热源机不属于该条例所称特种设备范围，并且亦未被列入国家质量监督检验检疫总局颁布的《特种设备目录》。因此，协议书及附件所涉及的窑炉及附属的热源机不属于特种设备，其设计、生产、安装、使用等均不受《特种设备安全监察条例》的规制。一审判决依据HY节能公司委托GD省特种设备检测院SD分院对使用该公司热源机的蒸汽锅炉进行热工性能测试，并由后者作出《工业锅炉热工性能试验报告》从而认定蒸汽锅炉与协议书涉及的热源机是同一设备。对此本院认为，热源机是否属于特种设备须经特种设备检测机构检测且与其所附属的设备有关，在作为锅炉附属设备的情况下，热源机被视为锅炉的一部分而须依法与锅炉一同接受检测，受相关法律法规等特种设备管理规范的规制。但是，由于热源机本身不属于特种设备，当其未作为特种设备的附属设备时，关于特种设备的管理规范并不适用。因此，HY 节能公司制造的热源机在用于锅炉时须经特种设备检测机构检测，不能作为本案中的热源机属于特种设备的依据。最后，合同法第五十二条第（四）项所述的“损害社会公共利益”，是指履行合同必然造成的后果，若当事人未按照合同约定的数量、质量提供技术服务，即使造成损害，也仅涉及违约责任的承担而不涉及合同效力问题。本案中，在国家未对窑炉和热源机的设计、生产、安装、使用作为特种设备监管的情况下，HY 节能公司从事相关业务不违反法律强制性规定，与 SZ 沥青公司签订协议书及附件亦不损害社会公共利益。综上，二审判决在错误认定热源机属于特种设备的基础上，以协议书及附件“涉及的锅炉生产、使用，对安全生产存在重大隐患，损害了社会公共利益”为由认定协议书及附件无效认定事实和适用法律错误，本院予以纠正。

再审法院尊重了双方当事人的意思自治原则，尊重当事人对技术服务合同的双方在自由平等基础上的约定，认定协议书及附件的合法有效性，体现了审判机关对技术服务合同的尊重，对节能省耗技术创新从设计到投入生产的支持，符合我国技术创新驱动发展的国家经济发展战略。

（三）技术服务合同应约定技术服务提供方和接收方的风险承担

在本案中，原告和被告分别为技术服务的提供方和接收方，原告提供的热源机持有的专利的燃料为生物质，而在本案中提供的燃料为石油焦，已对专利使用的燃料进行了改造。后在未进行专利改造试验的前提下，将热源机运用于混合沥青料生产线中，本身存在很大的技术风险和安全生产风险。在生产中，出现了两次机盖顶被烧穿的生产事故，所幸该事故未造成人员伤亡，但造成了原被告财产的损失，原告提供的热源机机盖顶被烧穿，需支付费用进行修复；被告混合沥青生产的停工停产，不能正产供应市场，还需要协助原告对热源机拆卸维修、停工停产，因屡次维修仍未能达到节能减耗的要求被迫终止合同，另行采购重油燃烧器、空压机等设备，到达正常开展生产经营的目的，被告因此产生了较大的直接经济损失和间接经济损失。

双方在签订协议书及附件中，本案原告签订合同的目的是将热源机的技术创新投入实际生产中，将创新转化为生产力，将创新设计转化为技术成果，进而推入市场运营获取利润；而被告作为沥青生产企业，签订合同的目的是减少能耗、降低成本，保障生产经营的顺利进行和开展，在节能减耗中获取更大的经济效益。因本案原告提供的技术不成熟，未能解决热源机机盖顶被烧穿的技术瓶颈，本案双方签订合同的目的均未能实现，导致合同不得不终止履行。

原被告双方在协议书及附件中约定了技术服务的风险承担，如在合作期间，因原告产品（技术或质量）问题引发（安全或质量）事故，被告免责，事故造成的损失由原告负责。所以，终审法院认定原告提供的热源机并不是其单位的专利产品，提供的产品不符合协议书的约定，且涉案热源机机盖顶第二次出现故障后，被告无法在约定的时间内修复，也没有恢复原有燃炉装置，已构成违约，所造成的原告的经济损失由其自身承担，终审法院驳回原告的全部诉讼请求。

【专家点评】

本案是当事人双方在履行技术服务合同时引起的民事诉讼，最终以技术服务合同的解除平息。深入分析本案，该案中有关案由确定及特殊标的类的合同审查，值得我们进一步思考：

1. 民事案由直接关系到案件的朝向，应当慎重选择

民事案件案由是民事案件名称的核心，反映纠纷所涉民事法律关系性质，不仅会影响到案件整体思路和逻辑，也会直接关系到审判法院对案件的审判视角。案由往往在立案时就由立案法官进行了确认，对于律师办案来说，案由的重要性却受到了一定程度的忽视，办案律师往往认为案由是法官的职责，和律师关系不大，或者认为律师对此是无能为力的，实则不然。本案中被告代理律师就是巧妙地利用案由扭转了局势。原告于一审提起诉讼时将该案确定为合同纠纷，被告代理律师敏锐地察觉到该案由对案件整体的影响，以被告违反《应用新技术成果协议书》为由向法院提起诉讼，该协议书应是技术合同纠纷，该案由的变更也直接导致案件管辖法院的变更，进而影响到后续判决结果。案由的重要性，不仅体现在管辖方面，还表现为：第一，案由影响案件的诉讼时效，如侵权责任与违约责任；第二，案由影响案件举证责任的分配，如民间借贷纠纷与不当得利纠纷；第三，案由影响案件的实体处理，如过错责任与产品责任；第四，案由影响案件的管辖范围，如违约之诉与侵权之诉。

2. 涉特殊标的的合同审查应当充分考虑可能引起标的物无效的因素

本案看似简单的技术合同纠纷，从直观印象看技术合同属于平等主体在自由约定下进行的意思表示，第三方因素对其影响较小，而附件的效力问题则给我们提供了此类合同审查的新视角。本案中，法官裁判视角给出如下提示：第一，在相关技术或知识产权领域的合同应当符合该领域的政策或规范；第二，在技术类合同中需明确标的物所涉事项下可能涉及的技术标准或操作规范上的差异及变化。

总之，本案之所以可以取得理想的结果，是基于承办律师对案件的整体把握和案件细节的充分思考，值得推荐。

（点评人：谭宇生，广东石油化工学院文法学院副教授）

未办理过户登记手续的不动产买受人是否享有足以排除强制执行的民事权益

——陈某某与梁某某、第三人广东某某房地产开发有限公司、广东某某房地产开发有限公司茂名分公司案外人执行异议之诉

林银汝

一、当事人和代理律师的基本情况

原告（执行案外人）：陈某某

原告代理律师：柯某某，广东某某律师事务所律师

被告（申请执行人）：梁某某

被告代理律师：林银汝，广东诚挚律师事务所律师

第三人（被执行人）：广东某某房地产开发有限公司

第三人（被执行人）：广东某某房地产开发有限公司茂名分公司

二、案情概况

（一）案由

案外人执行异议之诉。

（二）基本案情

被告梁某某与第三人广东某某房地产开发有限公司、广东某某房地产开发有限公司茂名分公司合同纠纷一案经人民法院作出判决：第三人广东某某房地产开发有限公司返还17万元及利息给被告，广东某某房地产开发有限公司茂名分公司承担连带责任。2011年，判决生效后，第三人未履行生效法律文书确定的义务，

梁某某向人民法院申请强制执行。在执行程序中，梁某某向人民法院申请查封登记在广东某某房地产开发有限公司茂名分公司名下位于市开发区的一块土地，拟对土地进行评估拍卖。

原告陈某某于2016年5月向人民法院提出执行异议，认为广东某某房地产开发有限公司茂名分公司已在2001年与其签订《土地转让合同》，合同约定广东某某房地产开发有限公司茂名分公司将被查封的土地出售给陈某某，单价为每平方米328元，总价款为171 200元。陈某某在签订合同次日将全部土地价款支付给广东某某房地产开发有限公司茂名分公司。因此，陈某某主张梁某某申请查封错误，请求人民法院予以解除查封。人民法院依法召开执行听证对案件进行审查后裁定驳回陈某某的异议。陈某某于2016年8月16日向人民法院提起案外人执行异议之诉，要求法院判决确认土地使用权属归陈某某所有，不得对土地进行拍卖执行。

陈某某于2016年8月15日向市公证处申请作证据保全公证，市公证处于2016年8月23日出具《公证书》，显示涉案土地的位置和该宗土地中间部分建了几个石灰池，建造了平房，平房内有小房间。

（三）案件审理经过

本案由本市某区人民法院于2016年8月立案受理，2017年2月开庭审理，于2017年2月作出一审判决。

陈某某不服一审判决，向市中级人民法院提起上诉，请求撤销一审判决，将案件发回一审法院重审或直接判决确认土地使用权属归陈某某所有，不得对土地进行拍卖执行。市中级人民法院立案受理后，公开开庭审理本案，并于2017年12月作出二审判决。

三、争议焦点和分歧

（1）陈某某对涉案土地是否享有物权。

（2）陈某某对涉案土地是否享有足以排除执行的物权期待权。

四、律师代理意见和各方观点

(一) 原告代理人的意见

(1) 根据《中华人民共和国合同法》第四十四条规定，依法成立的合同，自成立时生效。《中华人民共和国物权法》第十五条规定，当事人之间订立有关设立、变更、转让和消灭不动产物权的合同，除法律另有规定或者合同另有约定外，自合同成立时生效；未办理物权登记的，不影响合同效力。由此可知，只要是依法成立的合同，自成立时生效，标的物所有权也自交付时起发生转移。陈某某与广东某某房地产开发有限公司茂名分公司签订的《土地转让合同》是双方真实意思表示，未违反国家法律法规的规定，合同依法成立并生效，陈某某享有该土地的相关权利并应受到法律保护。

(2) 陈某某支付全部土地价款后并缴付部分土地税费，在办理土地过户手续过程中因丈夫生病需要照顾，且广东某某房地产开发有限公司茂名分公司在签订合同后不久便处于停业状态，难以找到人员办理过户手续，所以至今未办理过户登记手续。但是，陈某某从 2002 年起就用围墙将涉案土地围起，又搭建了简易建筑用于养龟等养殖业，一直使用至今。《最高人民法院关于人民法院民事执行中查封、扣押、冻结财产的规定》(法释〔2004〕15 号) 第十七条规定："被执行人将其所有的需要办理过户登记的财产出卖给第三人，第三人已经支付部分或者全部价款并实际占有该财产，但尚未办理产权过户登记手续的，人民法院可以查封、扣押、冻结；第三人已经支付全部价款并实际占有，但未办理过户登记手续的，如果第三人对此没有过错，人民法院不得查封、扣押、冻结。"陈某某已支付全部土地价款并实际占有，又非陈某某原因未办理过户手续，陈某某对此没有过错，人民法院不得对涉案土地查封。

(二) 被告代理人的意见

(1) 根据《中华人民共和国物权法》第九条"不动产物权的

设立、变更、转让和消灭，经依法登记，发生效力；未经登记，不发生效力，但法律另有规定的除外”的规定，物权的效力自登记才生效，涉案土地至今仍登记在广东某某房地产开发有限公司茂名分公司名下，陈某某未能取得涉案土地的物权，因此梁某某可以依法申请查封涉案土地。

（2）涉案土地现状仍为空地，未建造任何住宅建筑，陈某某亦未实际占有使用该土地。陈某某虽然提交《公证书》欲证明其实际占有使用土地，但该《公证书》仅能证实涉案土地上的目前状况，未能证实土地上的建筑物是由陈某某建设和使用。

（3）广东某某房地产开发有限公司茂名分公司虽然目前处于已停业、员工遣散状态，但陈某某是在2001年购得土地，梁某某曾在2010年起诉广东某某房地产开发有限公司茂名分公司，该公司亦派员工参加诉讼，证明该公司仍可联系。而且，陈某某的丈夫于2004年过世，至今已十多年，陈某某一直未办理过户登记手续。显然，陈某某对涉案土地未办理过户登记存在过错。

（4）根据“谁主张谁举证”的举证规则，以及《最高人民法院关于人民法院办理执行异议和复议案件若干问题的规定》第二十八条“金钱债权执行中，买受人对登记在被执行人名下的不动产提出异议，符合下列情形且其权利能够排除执行的，人民法院应予支持：（一）在人民法院查封之前已签订合法有效的书面买卖合同；（二）在人民法院查封之前已合法占有该不动产；（三）已支付全部价款，或者已按照合同约定支付部分价款且将剩余价款按照人民法院的要求交付执行；（四）非因买受人自身原因未办理过户登记”的规定，陈某某未能举证证实买卖合同合法有效且在法院查封之前已合法占有涉案土地，更未能证实并非其自身原因未办理过户登记手续，因此，人民法院查封合法。

五、代理结果和理由

（一）一审法院意见

（1）对于不动产的物权继受取得而言，买卖合同的成立和有效仅意味着债权人对合同相对人的债权请求权成立，如欲使其取得具有排他效力的物权，应当履行法定的公示程序，即将自己在不动产之上的物权按照法定的方式对不特定的第三人进行公示。对此，《中华人民共和国物权法》第九条、第十四条规定，不动产所有权的取得，除了法律另有规定的情形外，只有在不动产登记簿上记载之后，其方能取得包括所有权在内的所有不动产物权。而从本案查明的事实看，涉案土地仍登记在广东某某房地产开发有限公司茂名分公司名下，在不动产登记没有变更的情况下，陈某某要求确认对涉案土地享有物权的诉求，依法不能支持。

（2）在执行案件中，对于买受被执行不动产等需要登记财产的案外人而言，即使其没有取得物权，但是如果其因为合同而对该财产享有的物权登记请求权等债权符合物权期待权保护条件的，人民法院也不能执行。物权期待权从性质上虽仍属债权范畴，但该债权不同于一般的债权，案外人已经依照合同履行了义务，其预期物权将确定无疑地变动到其名下，在与申请执行人的一般债权的实现发生冲突时，法律选择了优先保护案外人的物权期待权。根据《最高人民法院关于人民法院民事执行中查封、扣押、冻结财产的规定》第十七条和《最高人民法院关于人民法院办理执行异议和复议案件若干问题的规定》第二十八条之规定，案外人亦即受让人，在涉案财产上的物权期待权如欲产生排除执行的效力，应当符合四个法定要件。在本案中，主要审查以下三个方面：

①在法院查封前，陈某某与广东某某房地产开发有限公司茂名分公司之间是否签订合法有效的书面买卖合同及已经支付合同约定的全部价款。经查，根据《最高人民法院关于适用〈中华人民共和国民事诉讼法〉的解释》第九十条之规定，陈某某主张涉案土地转让合同关系合法有效及已按合同约定支付了全部土地价款，提交了其与广东某某房地产开发有限公司茂名分公司签订的《土地转让合同》及广东某某房地产开发有限公司茂名分公司出具的收据，已完成其初步的举证责任；虽然梁某某对《土地转让

合同》及收据的客观真实性有异议，但未能提供充分的证据予以反驳，且广东某某房地产开发有限公司茂名分公司收到一审法院的相关材料后未对《土地转让合同》及收据的真实性提出任何异议，故梁某某上述抗辩意见理据不足，一审法院不予采纳。因此，一审法院确认在法院查封前，陈某某与广东某某房地产开发有限公司茂名分公司之间签订了合法有效的书面买卖合同及已经支付合同约定的全部价款。

②在法院查封前，陈某某是否合法占有涉案土地。由市公证处出具的《公证书》可见，涉案土地的位置和该宗土地中间部分建了几个石灰池，建造了平房，平房内有小房间。庭审中梁某某也确认当时在现场拍摄图片时石灰池及平房确实已经存在，但抗辩称不知为谁所建、为谁所用，根据《最高人民法院关于适用〈中华人民共和国民事诉讼法〉的解释》第一百零八条“对负有举证证明责任的当事人提供的证据，人民法院经审查并结合相关事实，确信待证事实的存在具有高度可能性的，应当认定该事实存在”之规定，经审查并结合本案相关事实，本院认为对实际占有涉案土地负有举证证明责任的陈某某提供了证据证实其所购买的土地现场确实已存在石灰池及平房，梁某某未能提供证据予以反驳石灰池及平房并非陈某某所建所用，因此陈某某主张石灰池及平房为其所建所用的事实具有高度可能性，应当认定该事实存在，故一审法院认定在法院查封前陈某某已经实际合法占有涉案土地。

③陈某某对于未办理过户登记手续是否有过错。《土地转让合同》签订的时间是2001年9月，陈某某直至2016年5月11日才提出书面异议，在此期间，涉案土地一直没有办理过户登记手续。对于未办理过户登记手续的原因，陈某某称是由于其丈夫生病无暇顾及过户问题，且广东某某房地产开发有限公司茂名分公司处于停业状态，没有协助办理过户，未办理过户登记手续的过错在广东某某房地产开发有限公司茂名分公司。经审查，虽然广东某某房地产开发有限公司茂名分公司没有主动履行协助过户义务，但陈某某一直怠于通过法律途径行使请求办理过户登记手续

的权利，从而没有将债权及时转化为物权。

因此，一审法院认为，本案涉案土地的使用权属归广东某某房地产开发有限公司茂名分公司所有，因广东某某房地产开发有限公司茂名分公司不自觉履行生效法律文书所确定的义务，一审法院依法对其名下的土地进行查封，符合法律规定。陈某某提供的证据不能证明其对涉案土地享有足以排除强制执行的民事权益，因此其诉讼请求亦不能得到支持。

（二）二审法院意见

第一，根据《中华人民共和国物权法》第九条第一款、第十四条的规定，除法律另有规定的之外，不动产物权的设立、变更、转让和消灭，必须依法登记，始发生效力。本案中，争议的涉案土地使用权仍登记在广东某某房地产开发有限公司茂名分公司的名下，该土地使用权的权属并未发生转移，故陈某某并未享有涉案土地的物权。第二，《最高人民法院关于人民法院办理执行异议和复议案件若干问题的规定》第二十八条规定："在金钱债权执行中，买受人对登记在被执行人名下的不动产提出异议，如果同时符合下列四种情形且其权利能够排除执行的，人民法院应予支持：（一）在人民法院查封之前已签订合法有效的书面买卖合同；（二）在人民法院查封之前已合法占有该不动产；（三）已支付全部价款，或者已按照合同约定支付部分价款且将剩余价款按照人民法院的要求交付执行；（四）非因买受人自身原因未办理过户登记。"

本案中，对陈某某提出的执行异议符合上述规定的第（一）、（三）种情形，各方当事人均无异议，本院予以确认。关于在一审法院查封之前陈某某是否已合法占有涉案土地的问题。陈某某提供茂名市公证处于 2016 年 8 月 23 日出具的《公证书》以证实其已经对涉案土地进行接收并占有使用。梁某某对此表示异议，认为陈某某未占有使用涉案土地。本院认为，从陈某某提供的该《公证书》的内容来看，制作该《公证书》的时间为 2016 年 8 月 23 日，虽然《公证书》上显示了涉案土地中间部分建了几个石灰池，建造了平房，平房内有小房间，但该《公证书》并未载明上述实物为何人所有，也未记载在一审法院查封涉案土地之前，陈某某已合法占有涉案土地的内容，故本院认为《公证书》并不能证明陈某某在一审法院查封涉案土地之前已合法占有涉案土地的事实，对《公证书》的证明力不予确认，陈某某主张其合法占有涉案土地欠缺依据，不予采纳。一审判决认定陈某某在一审法院查封涉案土地之前已合法占有涉案土地不当，本院予以纠正。另关于陈某某对涉案土地未办理过户登记手续是否存在过错的问题，陈某某上诉主张其对涉案土地未办理过户登记手续没有过错。本院认为，陈某某与广东某某房地产开发有限公司茂名分公司签订涉案《土地转让合同》的时间是 2001 年 9 月 10 日，但陈某某直至一审法院执行涉案土地时的 2016 年 5 月 11 日才提出书面异议，在此期间，涉案土地一直没有办理过户登记手续。对于未办理过户登记手续的原因，虽然陈某某称是由于其丈夫生病无暇顾及过户问题，且广东某某房地产开发有限公司茂名分公司处于注销状态，人去楼空，无人协助办理过户，未办理过户登记手续的过错在广东某某房地产开发有限公司茂名分公司。但经审查，广东某某房地产开发有限公司茂名分公司并未被注销，陈某某没有举证证明广东某某房地产开发有限公司茂名分公司没有协助办理过户，也没有举证证明其已穷尽办法积极办理过户登记手续，故一审判决认定陈某某对未办理过户登记手续存有过错并无不当。据此，陈某某提出的执行异议并不同时符合上述司法解释规定的四种情形，陈某某对涉案土地不享有足以排除执行的物权期待权。综上，一审法院认定陈某某对涉案土地不享有足以排除强制执行的民事权益，驳回陈某某的诉讼请求，处理正确，本院予以维持。

六、办案小结

本案系案外人执行异议之诉，案外人即陈某某应当就其对执行标的享有足以排除强制执行的民事权益承担举证证明责任，陈某某应证明两方面内容：一是陈某某对执行标的是否享有实体权益，二是陈某某对执行标的所享有的实体权益能否排除强制执行。《最高人民法院关于人民法院办理执行异议和复议案件若干问题的规定》第二十八条对案外人对执行标的是否享有足以排除强制执行的民事权益进行了明确规定，上述规定中的四个条件必须同时满足，缺一不可。作为不动产买受人，在购买不动产后应当及时办理过户登记手续，以维护自己的合法权益。

【专家点评】

本案被告梁某某的代理律师对实体规范、程序规范和证据法规则的运用如此纯熟，实在令人赞叹。相信很多读者看过本案后，内心都会产生与我一样的疑惑：为什么原告陈某某会败诉？为什么她签了合同付了款却最终得不到土地，似乎落得个钱财两空的下场？以下，我将从本案原告陈某某的视角，探讨作为不动产买受人的权利如何得到法律保护的问题，希望读者能从中获得启示。

1. 陈某某只拥有债权，从未拥有物权

现代民法体系对物权与债权的区分，是人类对于生活现象进行一种抽象化思索的重要成果。债权被表述为权利人可以请求他人为一定行为（作为或不作为）的民事权利；物权则是指权利人依法对特定的物（不动产或动产）享有直接支配和排他的权利。债权是对人权，其权利的对象直接指向的是特定债务人，可以请求债务人完成给付行为；而物权则是对世权，指向的是不特定的任何人，即任何人均负有不妨害权利人实现其权利的义务。

本案中，陈某某在签订《土地转让合同》后，她与房地产开发公司之间在不动产这一标的物之上形成的是债权债务法律关系，此时，她对于该不动产拥有的权利不是物权，而是债权，即她有权请求房地产开发公司依照合同约定履行将不动产交付并过户给她的义务。我国《物权法》采纳不动产物权登记生效主义，未经登记不发生物权设立、变动、转让、消灭的效力。根据这一原则，该不动产只有完成过户登记手续，陈某某才能拥有物权

（土地使用权），获得相应的对物权的保护，有权依法请求排除任何人对其物权的妨害，包括对抗本案被告梁某某申请的法院对该不动产的强制执行。遗憾的是，这么多年过去，她与房地产开发公司始终没有去办理该不动产的变更登记手续，因此，她对该不动产从未拥有物权，在本案中也无法对抗法院的强制执行。

2. 陈某某并不拥有物权期待权

从获得债权开始一直到办完过户手续获得物权之前，陈某某是否就眼睁睁地看着自己承受鸡飞蛋打的结局呢？非也。其实，我国现行法律赋予她一项交易安全受到保护的权利，这项权利在学理上称为物权期待权。物权期待权可视为债权转化为物权中的一种过渡形式，在性质上仍属债权，买受人并未取得不动产的物权，但符合法定情形的特定债权可以获得优先于一般债权的特殊保护。

物权期待权在我国《物权法》中没有直接作出规定，但当前我国司法解释中确实出现了对于不动产物权期待权的相关规定。就我查询的结果，目前有两种情形下的物权期待权，一是2002年《最高人民法院关于建设工程价款优先受偿权问题的批复》中规定的商品房买受人可以对抗承包人优先受偿权的物权期待权；二是本案所涉及的物权期待权。

《最高人民法院关于人民法院办理执行异议和复议案件若干问题的规定》（2015年5月5日，法释〔2015〕10号）第二十八条规定："金钱债权执行中，买受人对登记在被执行人名下的不动产提出异议，符合下列情形且其权利能够排除执行的，人民法院应予支持：（一）在人民法院查封之前已签订合法有效的书面买卖合同；（二）在人民法院查封之前已合法占有该不动产；（三）已支付全部价款，或者已按照合同约定支付部分价款且将剩余价款按照人民法院的要求交付执行；（四）非因买受人自身原因未办理过户登记。"这一条文明确规定了不动产买受人获得和行使物权期待权的条件及标准。

遗憾的是，陈某某的行为和诉求并不完全符合这四项条件和标准，特别是对于第（四）项条件未能举出足够的证据加以证明，因此，两级法院均判其败诉。

从本案我们可以得到如下启示：第一，不动产转让合同的履行，只有办理过户登记才能让买受人获得物权法上的严格保护；第二，如果非因买受人的原因导致未能过户的，买受人应当对照上述四项条件和标准积极作为，特别是收集证据用以证明没有过户不是由自己的过错引起，才能避免类似陈某某这样的结局出现。

（点评人：张海汉，广东石油化工学院文法学院讲师）

垫付赔偿款后的无因管理之诉

——M 市汇通燃料有限公司与黎某新、许某珲、张某全等无因管理之诉

陈　星

一、当事人和代理律师的基本情况

原告：M 市汇通燃料有限公司（以下简称汇通公司）

代理律师：陈星、陆世增，广东诚挚律师事务所律师

被告：黎某新

被告：许某珲

被告：张某全

被告：广东省 AA 水泥有限公司（以下简称 AA 公司）

被告：中国 PA 财产保险股份有限公司珠海中心支公司（以下简称 PA 保险珠海支公司）

被告：梁某英

被告：黎某强

被告：黎某平

二、案情概况

（一）案由

无因管理纠纷。

（二）基本案情

2014 年 5 月 26 日，原告汇通公司与被告 AA 公司签订买卖合同，约定由原告每月供应 10 000 吨熟料给 AA 公司，供应期限为 2014 年 6 月 1 日至 9 月 30 日，约定由汇通公司安排汽车运输，如

需人工卸车的由汇通公司自行负责。被告黎某新与原告长期存在合作关系，为原告运送货物。2014 年 8 月 23 日，被告黎某新安排粤 K20383 车辆执行本项任务，该车登记在被告许某珲名下。2014 年 8 月 24 日 7 时许，被告张某全驾驶粤 K20383 车辆从罗定华润公司运输熟料回到被告 AA 公司熟料仓库后，电话通知杨某惠需要卸货，杨某惠电话通知卢某才，卢某才再电话通知林某友、李某宁、车某英，林某友再通知黎某锋、黎某稳一起来卸货，后被告张某全解开篷布后离开去吃早餐。7 时 40 分被告张某全回到熟料仓库，发现车辆后面侧门已经打开，当时未见卸料工人。8 时许，工人李某宁到场卸料，其后车某英、黎某稳也陆续来卸料直到 12 时许。完成卸货后，被告张某全支付工钱 337 元给现场的 3 名工人后开车离开。后李某宁等人发现黎某锋的摩托车停在熟料场附近，打电话无人接听，也找不到人，遂怀疑黎某锋被埋，便通知铲车来铲熟料，铲开熟料后发现黎某锋的尸体。由于黎某锋的死亡引发其家属进行上访，GZ 市石鼓镇工作组和 GZ 市安监局等部门组织原告汇通公司（甲方）、被告 AA 公司（甲方）与黎某锋的家属梁某英、黎某强、黎某平（乙方）协商，最终甲、乙方于 2014 年 9 月 4 日达成和解协议书，该协议书约定：甲方先垫资支付赔偿金给乙方，乙方同意甲方履行完本和解协议书后，依法追讨除甲方外的其他涉事方责任，由此产生的费用和收益与乙方无关。甲方一次性垫资代付赔偿及补助乙方530 000 元，甲方须在签本协议书当天内垫资代付全部赔偿金到指定账户。除此之外，甲方不再支付任何款项给乙方，乙方放弃要求甲方再支付任何款项和再承担任何法律责任的权利。签订和解协议书后，被告梁某英、黎某强、黎某平收到原告汇通公司支付的赔偿款 530 000 元。原告认为其对黎某锋的死亡没有任何责任或者义务。但原告为了避免矛盾和纠纷，替被告履行了向死者家属支付赔偿款的义务，为被告承担了全部责任。原告因无因管理而支出的 530 000 元费用应由被告承担，但被告拒绝承担此费用，双方因此产生纠纷。

本案事故中的死者黎某锋于 1953 年 8 月 10 日出生，属城镇户口，被告梁某英为其妻子，黎某强为其儿子，黎某平为其女儿。GZ 市人民政府办公室 2014 年 9 月 14 日作出的高府办函〔20141189〕号《关于黎某强信访事项的复函》载明：黎某锋，男，61 岁，为 AA 公司非全日制用工人员，每天工作两小时，不固定工作时间，负责清扫仓库门口边水泥积粉、石桂公路边水沟清理、办公室周边杂草清理。经 GZ 市公安局司法鉴定中心对黎某锋进行尸检，死因符合被高温塑料粉堆掩埋，导致大面积皮肤烧伤并机械性窒息死亡。公安部门根据事故现场发生痕迹推断为黎某锋一人擅自打开车门进行卸料，被车门打晕，跌倒在地，再被顺势倾泻而下的熟料掩埋，未被人及时发现导致窒息死亡。因事故发生时，死者黎某锋利用休息时间从事工作的地点和工作内容均不是 AA 公司安排和要求的，故认定该事故为非生产安全事故。

本案装载货物的粤 K20383 重型货车最高载货量为 40 吨，所有权人为被告许某珲，持有道路运输证。本案中，被告张某全驾驶粤 K20383 重型货车的实际载货量为 85.7 吨，明显属于超载。

原告向 M 市 N 区人民法院起诉，请求法院判令：

（1）判令被告黎某新、许某珲、张某全共同清偿原告垫付黎某锋的死亡赔偿款共计人民币 530 000 元及利息 10 600 元（从 2014 年 9 月 4 日起按中国人民银行同期同类贷款利率暂计至 2015 年 1 月 4 日，应计算到付清为止），以上共计 540 600 元；

（2）本案诉讼费用由被告黎某新、许某珲、张某全承担。

在本案发回重审并法院追加被告诉讼过程中，原告汇通公司变更第一项诉讼请求：依法判决被告黎某新、张某全、许某珲，AA 公司、PA 保险珠海支公司共同清偿原告垫付黎某锋的死亡赔偿款共计人民币 530 000 元及利息 10 600 元（从 2014 年 9 月 4 日起按中国人民银行同期同类贷款利率暂计至 2015 年 1 月 4 日，应计算到付清为止），以上共计 540 600 元。

（三）案件审理经过

本案由 M 市 N 区人民法院于 2015 年 1 月受理此案，2015 年

6月5日开庭审理，于2015年7月6日作出一审判决，判决驳回原告的诉讼请求。原告不服一审判决，向M市中级人民法院提起上诉。2015年12月4日，M市中级人民法院开庭询问此案，2015年12月15日作出裁定发回重审。N区人民法院依法另行组成合议庭，依法追加PA保险珠海支公司、梁某英、黎某强、黎某平作为被告参加诉讼。2017年7月18日，N区人民法院开庭审理此案，于2017年7月27日作出一审判决，判决如下：

（1）被告张某全在本判决发生法律效力之日起十日内支付赔偿款530 000元及利息（利息自2014年9月4日起按中国人民银行同期贷款率计至欠款清偿之日止）给原告汇通公司；

（2）被告许某珲对上述第一项债务承担连带清偿责任；

（3）驳回原告其他的诉讼请求。

一审被告许某珲、张某全不服一审判决，上诉至M市中级人民法院。

三、争议焦点和分歧

（1）本案的案由是否为无因管理。

（2）黎某锋死亡的责任应由何人承担。

（3）汇通公司是否享有清偿其垫付的赔偿款的请求权及数额如何认定。

（4）PA保险珠海支公司应否承担保险责任。

四、律师代理意见和各方观点

（一）原告代理人的意见

（1）基于原告与被告许某珲形成的货物运输合同关系，以及向被告许某珲支付每吨50元装卸费，原告对黎某锋没有法定的义务。原告在GZ市政府部门的协调下，为妥善解决安全事故产生的社会矛盾和纠纷，向死者黎某锋的家属垫付了赔偿款530 000元，本案应为无因管理纠纷。

此外，一审判决认定本案应为“追偿权纠纷”驳回原告的诉讼请求是错误的。“追偿权纠纷”是新《民事案件案由规定》第一百二十六条规定的新案由，作为对应《侵权法》实施后侵权纠纷案件日益增多而新增的一种案由，在这之前的《民事案件案由规定》是将这一类案件具体规定在诸如“雇主损害赔偿纠纷”“公正损害赔偿纠纷”等“特殊类型的侵权纠纷”，系在法律法规条文有明文规定特殊侵权可追偿的情况下方可适用此案由，而本案纠纷显然并不是法律明文规定的特殊侵权，因而并不在此范围内。因而，本案确定为无因管理诉讼的案由更为适当，符合没有法定或者约定的义务，主动管理他人事务，若有法定的义务则应确定为追偿权纠纷。

（2）原告对事故的发生没有责任。第一，原告与许某珲有货物运输合同关系，承运人应该安全将货物运输到指定的地点，之间产生的任何责任应由承运人承担。第二，被告许某珲车辆的超载与黎某锋的死亡有直接因果关系。车辆荷载重量本为40吨，实载84.9吨，货车厢高度及货物的压力与超载有直接因果关系。此外，装载货物多导致黎某锋被埋未被其他人发现，后来的工人继续卸货导致黎某锋的死亡。此外，此案惊动了GD省安监局等政府部门，通知了相关责任主体，被告许某珲不来参加调解，石鼓镇政府均有参加调解人员的所有记录。第三，原告与被告达成的协议是以吨来结算运费，是混合油费、过路费、装卸费等费用的。第四，被告许某珲的司机雇用了黎某锋来卸货，该车辆是责任主体。

（3）事故发生后，死者黎某锋家属到上级政府上访，GZ市政府部门为维护社会稳定，多次组织原告、被告、死者家属等调解，但被告不同意承担任何责任且不同意支付任何费用。死者黎某锋家属多次到GZ市政府部门投诉、上访。在GZ市政府部门的组织协调下，原告为维护社会的稳定，筹款垫付给受害人家属，筹得赔偿款共计530 000元垫付给受害人家属。

（二）被告许某珲、张某全代理人的意见

（1）本案不属于管理上的问题，而是责任上的问题，本案涉及多方面的主体，但到现在为止，一直没有确定责任的主体，GZ市人民政府的复函亦没有确定责任主体，究竟谁是管理人、谁是被管理人，在本案中，事实不清，证据不足，该案不属于无因管理的案由。

（2）关于本案的责任如何分担的问题。第一，原告应为责任主体，应依法承担死者黎某锋的赔偿责任。原告是本案货物的所有权人，是本案货物运输的委托人和雇用人，是本案货物运输费用和装卸费用的支付人。原告和被告AA公司发生货物购销法律关系，原告与被告黎某新发生委托运输合同关系。根据上述理由，本案原告应当承担本案的全部责任或主要责任。第二，被告许某珲是由被告黎某新雇用运输的，而黎某新又是原告雇用运输的，根据法律的规定，被告许某珲作为被雇用人，不应承担赔偿责任，而被告张某全是被告许某珲雇用的司机，更不应该承担赔偿责任。第三，被告AA公司主要承担装卸场所管理上的责任。被告AA公司的熟料装卸车是一个开放的场所，任何人均可以进入。装卸场没有设置明显的警示标志，被告AA公司没有就装卸场以及装卸队伍制定一套严格的规章制度。被告AA公司雇用黎某锋作为非用工人员，对黎某锋参与装卸活动没进行制止和管理。根据上述事实，被告AA公司负有不可推卸的责任，且事故发生在被告AA公司的装卸场上，被告AA公司应依法承担相关责任。第四，死者黎某锋的职责不是装卸，但他为了增加自己的收入而非法参与装卸活动。黎某锋在无其他人员在场的情况下，一个人独自打开车门装卸造成事故，黎某锋存在明显的过错责任。第五，本案的被告PA保险珠海支公司是基于被告许某珲购买的第三者责任险，应承担赔偿责任。被告PA保险珠海支公司认为此非交通事故不负责赔偿的抗辩理由不成立，被告许某珲购买的保险也包括意外事故，被告PA保险珠海支公司应承担保险赔偿责任。

（三）被告AA公司代理人意见

（1）案由由法院依法认定。

（2）被告 AA 公司不应对黎某锋的死亡承担法律责任。

被告 AA 公司的水泥熟料仓库非开放场所，水泥厂已设立警示标志，已向入厂工作人员进行了安全提示和警告。被告 AA 公司已与供货商签订合同，由供货商承担货物的运输和装卸，并向供货商支付上述费用，所以货物的装卸责任不属于被告 AA 公司；被告 AA 公司未聘请黎某锋进行装卸，也没有权利制止司机在黎某锋休息时聘请他装卸货物。

（四）被告保险公司代理人意见

本案事故属于意外事故范围，属于原告工伤赔偿范围，且该案未在我司投保机动车强制险责任保险。首先，本次事故发生时不属于交通事故，事故发生时车辆没有人员驾驶，是由于受害人在搬运货物时不慎被货物倾覆导致窒息死亡的事故。事故发生时在原告的厂区内，为原告雇请的工作范围内，根据原告与受害者在 GZ 市人民政府的处理文件可以确定，本次事故原告属于直接的管理责任。事故发生在上班期间，属于工伤赔偿范围，原告没有权利向机动车方主张赔偿。其次，即便法院认定机动车应承担赔偿责任，本案经核实粤 K20383 车辆在我司投保了机动车第三者责任保险条款 150 万元，不计免赔，但未在我司投保机动车强制责任保险，根据最高院司法解释相关规定，如属于交通事故应优先在强制险范围赔偿，不足部分在商业第三者责任保险赔偿处理。因此，法院还应依法追加机动车交强险的公司作为本案被告。

我司在事故发生后到调解都没有参与，原告与死者方签订的调解协议，并非我公司的意愿，对我公司没有约束力。

五、代理结果和理由

M 市中级人民法院于 2019 年 12 月 25 日作出二审判决，判决如下：①撤销一审判决；②PA 保险珠海支公司于本判决发生法律效力之日起十日内在第三者商业责任险保险范围内支付赔偿款 530 000 元及利息（利息自 2014 年 9 月 4 日起按中国人民银行同期同类贷款利率计至欠款清偿之日止）给原告汇通公司；③驳回原告的其他诉讼请求。

（一）关于黎某锋死亡的责任应由何人承担的问题

本案中，张某全严重超载，且其将货物运至指定地点后解开篷布即自行离开，未做任何防护措施，致使黎某锋在独自卸货过程中被货物掩埋致死，可见张某全存在重大过失。张某全受雇于许某珲，其将卸货交由黎某锋等人操作属于从事雇佣活动，故张某全与许某珲应对黎某锋的死亡承担连带赔偿责任。黎某锋作为具有完全民事行为能力人，其卸货时过于自信，疏忽大意，其对自身死亡亦应承担一定的责任。汇通公司、黎某新与黎某锋并无直接法律关系，汇通公司将货物交给黎某新，黎某新再将货物交由持有道路运输许可证的许某珲运输，其委托并无过错，本案中亦无证据显示汇通公司、黎某新指示张某全进行超载。张某全、许某珲接受运输货物的委托后，以何种载重量的车辆运输、运输多少次均由其自行决定，是否超载运输，决定权在于张某全、许某珲。因此，汇通公司、黎某新对于事故的发生无法律上的因果关系，故无须对黎某锋的死亡承担赔偿责任。黎某锋是 AA 公司的非全日制用工人员，黎某锋利用其休息时间卸货并非 AA 公司安排和要求，故 AA 公司对黎某锋的死亡不承担责任。

根据《中华人民共和国道路交通安全法》第一百一十九条第（五）款的规定，交通事故是指车辆在道路上因过错或者意外造成的人身伤亡或者财产损失的事件。本案中，车辆并非运行在道路上，而是停放在 AA 公司内，故黎某锋独自卸货被货物掩埋致死不属于道路交通事故，PA 保险珠海支公司无须对黎某锋的死亡承担赔偿责任。

综上，根据本案的实际情况，本院酌定张某全、许某珲对黎某锋的死亡承担 75% 的责任，黎某锋自行承担 25% 的责任。

（二）关于汇通公司是否享有清偿其垫付的赔偿款的请求权及数额如何认定的问题。

根据《中华人民共和国民法通则》第九十三条“没有法定的

或者约定的义务，为避免他人利益受损失进行管理或者服务的，有权要求受益人偿付由此而支付的必要费用”之规定，汇通公司对黎某锋的死亡没有赔偿义务，其代赔偿义务人支付赔偿款给黎某锋的家属，属于为避免他人利益受损失而进行的管理或者服务，汇通公司的行为构成无因管理，故其依法应享有无因管理的请求权。

汇通公司主张与梁某英、黎某强、黎某平协商时测算黎某锋死亡损失总额为 71 万元，因梁某英、黎某强、黎某平并未就黎某锋的死亡提起民事诉讼，其亦未到庭参加诉讼，本院无法准确核定黎某锋死亡造成的损失赔偿总额。因此，本案应根据《最高人民法院关于审理人身损害赔偿案件适用法律若干问题的解释》的相关规定，对黎某锋死亡造成的丧葬费、被扶养人生活费、死亡赔偿金以及受害人亲属办理丧葬事宜支出的交通费、住宿费和误工损失等其他合理费用予以酌情核定。汇通公司与黎某锋的家属于 2014 年 9 月 4 日达成和解协议，故黎某锋死亡造成的损失应以《广东省 2014 年度人身损害赔偿计算标准》为计算标准。据此，黎某锋死亡导致的部分损失可计算如下：

（1）丧葬费 29 672.50 元（59 345 元/年 ÷ 12 个月 ×6 个月）；

（2）赔偿金 619 375.30 元（32 598.70 元/年 ×19 年）。

上述两项合计为 649 047.80 元。此外，黎某锋的死亡还产生精神抚慰金及受害人亲属办理丧葬事宜支出的交通费、住宿费、误工损失等其他合理费用，结合以上相关事实，汇通公司主张与梁某英、黎某强、黎某平在调解协议约定的 53 万元已按照赔偿总额 71 万元扣除了黎某锋 25% 的责任，具有高度的可能性。根据《最高人民法院关于适用〈中华人民共和国民事诉讼法〉的解释》第一百零八条“对负有举证证明责任的当事人提供的证据，人民法院经审查并结合相关事实，确信待证事实的存在具有高度可能性的，应当认定该事实存在”的规定，本院对汇通公司主张的以上事实予以认定。

被告黎某新、梁某英、黎某强、黎某平经本院合法传唤，无正当理由未到庭参加诉讼，视为放弃诉讼权利，自行承担举证不能和放弃诉讼权利的不利后果，本案依法适用缺席判决。

综上所述，涉案事故发生后、事故责任认定作出前，经政府相关部门协调，汇通公司在既无法定义务又无约定义务的情况下，先行支付死者黎某锋亲属赔偿款53万元，属于危难相助的行为，应受肯定与鼓励，其在本案中代其他赔偿义务人垫付赔偿款的行为在法律上应定性为无因管理，对相对人依法享有返还合理费用的请求权，故张某全、许某珲应连带赔偿53万元及利息（利息自2014年9月4日起按中国人民银行同期同类贷款利率计至欠款清偿之日止）给汇通公司。

（三）关于PA保险珠海支公司应否承担保险责任问题

《机动车第三者责任保险条款》第六条规定“保险机动车在被保险人或其允许的合法驾驶人使用过程中发生意外事故，致使第三人遭受人身伤亡或财产的直接损失，对被保险人依法应支付的赔偿金额，保险人依照本保险合同的约定，对于超过机动车交通事故责任强制保险各分项赔偿限额的部分予以赔偿”，该条款规定的“意外事故”并未限定为交通事故，故保险机动车在使用过程中造成第三者人身伤害符合保险公司赔偿的条件，该意外事故是发生在被保险机动车作为工具被运用过程中，符合保险条款中被保险机动车使用过程中的范围。死者黎某锋是该保险机动车车辆发生意外事故时的受害人，符合保险合同该约定的第三者范围。因此，PA保险珠海支公司应在第三者商业责任保险限额范围内对造成黎某锋死亡后果承担赔偿责任。

六、办案小结

（一）本案案由的确定，弘扬社会正能量

本案为无因管理纠纷，是基于无法定义务或约定义务的汇通公司在政府相关部门协调下，为维护社会的稳定，先行垫付了53万元给死者黎某锋的家属，为死者家属与各责任主体之间的定纷止争发挥了重要的作用，在当今社会的各种纠纷和矛盾的处理中值得称赞和鼓励。但是，在处理死者家属的矛盾后，如何维护垫付人的合法权益，在社会上弘扬这种先行垫付的行为，也是本案所要解决的问题。代理律师在收案后，仔细研究了案情，收集相关的证据以及相类似的案例，以无因管理提起诉讼。一审法院认定“原告、被告 AA 公司是代应承担赔偿义务的主体垫付赔偿费用，两者取得的是追偿权，原告应提起的是追偿权诉讼，而不是无因管理诉讼”，以此为由，驳回原告的诉讼请求。代理律师坚持无因管理之诉的观点，向上一级法院提起上诉，并取得了发回重审的诉讼结果，终于获得了一审重审法官的支持。

（二）本案证据的收集，维护当事人合法权益

律师在代理此案中，积极收集有利于维护原告合法权益的相关证据，向法院提供真实合法有效的证据来证明上述法律关系，如：GZ 市人民政府办公室出具的《关于黎某强信访事项的复函》，该函详细说明了死者黎某锋的基本情况、事故发生经过、事故处置工作，以及关于是否属生产安全事故、死者家属善后处理问题的回答，有助于法院认定事实，厘清责任；提供了《散装发货单、货物过磅单》，说明了发生事故的车辆实际载货 85.7 吨，车辆严重超载的事实；提供了《和解协议书》《收条》《家属身份材料》等，证明原告汇通公司垫付 53 万元赔偿等。

（三）本案法律关系的确定，正确适用法律

本案的法律关系复杂，涉及原告汇通公司与被告 AA 公司的货物买卖合同关系、汇通公司与被告许某珲货物运输合同关系、被告许某珲与被告张某全的雇佣关系、被告黎某新与被告 PA 保险珠海支公司的保险合同关系、被告 AA 公司与死者黎某锋之间的劳动合同关系、死者黎某锋家属的继承关系、过错责任的认定及责任划分等。本案一审重审法官依法追加了被告 PA 保险珠海支公司，死者黎某锋的继承人梁某英、黎某强、黎某平为本案被告，二审判决被告 PA 保险珠海支公司在第三者商业责任险保险限额范围内承担赔偿责任，保障了诉讼程序的合法，为认定本案事实、正确适用法律打下了良好的基础。

【专家点评】

这是一个抽丝剥茧、曲径通幽的精彩案例。

（1）法律关系层面。在各种法律关系中，原告汇通公司先行垫付的53万元的定性是本案的焦点所在。民事案由规定中的追偿权纠纷，主要是针对具有法定或约定义务的主体，在代为履行给付义务之后所产生的追索权利。涉案《和解协议书》是在政府调处之下签订的，其中明确了原告为社会稳定垫付53万元，并肯定了原告的后续追偿权利，实际上已经彻底否定了原告需要对本案事故承担责任的可能。因此，原告并没有法定或约定的义务去给付金钱，只是基于更高价值的法益（社会维稳）而主动提供善举。因此，根据《民法通则》第九十三条（事发时《民法总则》尚未施行，不具溯及力）的规定，原告的垫付行为产生的后续权利不应定性为追偿，而是无因管理之债。

（2）诉讼主体层面。原审遗漏诉讼主体，导致本案发回重审。但法院追加诉讼主体是否完全正确，存在商榷之处。既然本案定性为无因管理，那么，无因管理的被管理人就是被告。本案中，作为死者继承人的梁某英、黎某强、黎某平是获得53万元案款的人，但不是无因管理意义上的被管理人。各方签订《和解协议书》时已经肯定了家属接受补偿的权利，并未将家属列为追偿对象，原告起诉时也没有将家属列为被告。法院将家属追加为共同被告，存在直接要求家属承担责任的可能，违背了当事人意思自治。因此，家属在本案中只是处于第三人地位，仅仅是案件处理结果与其有利害关系，应当作为无独立请求权的第三人参加诉讼较为适宜。

（3）责任划分层面。M市中级人民法院作出二审判决，判决PA保险珠海支公司于本判决发生法律效力之日起十日内在第三者商业责任险保险范围内支付赔偿款530 000元及利息。该判决纠正了一审事实认定中的错误和法律适用错误（一审判决认定“本案中，车辆并非运行在交通道路上，而是停放在AA公司内，故黎某锋独自卸货被掩埋致死不属于道路交通事故，PA保险珠海支公司无需对黎某锋的死亡承担赔偿责任”）。该判决是符合客观事实的。实际上被告许某珲购买的第三者责任险合同中条款约定的“意外事故”并未限定为交通事故，其他原因造成车辆对第三者带来的损害也在“意外事故”范围内，PA保险珠海支公司理应承担赔偿责任。

PA保险珠海支公司具体的保险责任金额的承担就在于法院酌定张某全、许某珲对黎某锋的死亡承担75%的责任，黎某锋自行承担25%的责任的划分上，主要是认为张某全严重超载，未做任何防护措施，致使黎某锋在独自卸货过程中被货物掩埋致死，存在重大过失。张某全受雇于许某珲，其将卸货交由黎某锋等人操作属于从事雇佣活动，故张某全与许某珲应对黎某锋的死亡承担连带赔偿责任。黎某锋作为具有完全民事行为能力人，其卸货时过于自信，疏忽大意，其对自身死亡亦应承担一定的责任。事实上，超载作为一个非常多见的违法活动，在长期合作的运输行业中常有发生，通常都是委托方和承运人达成默许。但是，目前法律关于超载问题，在举证责任上没有举证责任倒置的规定，除非交警部门有充分调查取证，否则，欲证明发货人存在过错非常困难，也没有证据证明AA公司对现场货物管理存在过错，故法院最终没有认定AA公司承担责任。法院在认定责任份额的时候，参考了《和解协议书》，这也从侧面反映了和解时各方意思表示及形成的法律文书的重要性。

（4）法律价值层面。本案对各方法律权益的权衡较为合理，既保护了死者家属的合法权益，也充分考虑了社会影响。政府在处理信访事件的时候，通常会将社会稳定作为重要的出发点，将补偿放在首要位置，将社会价值观影响作为考虑对象。就本案而言，让家属先行得到补偿，确实取得了较好的社会效果，这也间接反映了法院将家属列为被告的不合理性。

（点评人：刘小牛，广东石油化工学院文法学院讲师）

刑事案例

来之不易的自由

——潘某某涉嫌聚众斗殴罪一案

潘驰云　李土富

一、当事人和辩护人的基本情况

犯罪嫌疑人：潘某某
辩护人：潘驰云、李土富，广东诚挚律师事务所律师
公诉机关：某某人民检察院

二、案情概况

（一）案由

聚众斗殴罪。

（二）基本案情

某某人民检察院指控，2016年2月18日20时许，潘某某伙同潘某1（已判刑）以村中未做戏为由，要找“灯头”潘某2的麻烦，后潘某某和潘某1被潘某1的父亲劝回家。过了十分钟左右，潘某某走到某某村的小卖部，与潘某3发生矛盾，双方扭打起来，潘某3被打伤右眼角和鼻子，后潘某3被送往医院救治。后潘某某在村中被潘某3的大哥潘某4打了两巴掌，潘某某遂打电话召集朋友潘某1、潘某5、黄某某、吴某某、杨某某、李某某、“高佬”等人，持械前往潘某4家。他们到后，与潘某4发生争吵，后潘某1等人与潘某4及其朋友潘某6、冯某等人发生斗殴，潘某4被砍伤左眼和左手，潘某6、冯某被打伤，潘某5被人开枪打伤腹部。经某某公安局司法鉴定中心鉴定，潘某3鼻部骨折，损伤程度属轻伤二级；潘某5腹部火器伤，损伤程度构

成重伤二级。

（三）案件审理经过

本案由某某人民法院于2017年10月16日作出一审判决，判决潘某某犯聚众斗殴罪，判处有期徒刑三年。潘某某提起上诉，某某中级人民法院认为原判决认定部分事实不清，证据不足，于2017年12月25日裁定将本案发回重审。某某人民法院于2018年5月21日再次作出一审判决，判决潘某某犯聚众斗殴罪，判处有期徒刑三年。潘某某再次提起上诉，2018年12月27日，某某中级人民法院作出终审判决，判决潘某某无罪。

（四）当事人被羁押情况

潘某某于2016年9月21日因本案被羁押，同年9月22日被刑事拘留，2016年10月28日因涉嫌聚众斗殴罪被逮捕，2018年12月27日被判决无罪，潘某某被羁押历时829天。

三、争议焦点和分歧

潘某某是否有参与案涉聚众斗殴事件。

四、辩护人意见和各方观点

（一）辩护人意见

（1）潘某某有不在场的证据：

①根据广州某某有限公司提供的考勤表证实，潘某某在2016年2月18日全天全勤。

②根据广州某某有限公司品管部主管李某的证言证实，从检验记录上显示，2016年2月18日，潘某燕、柳某燕和潘某某三人是同一班次上班。

③根据潘某燕的证言证实，2016年2月18日，潘某某和其一起在公司上班。

④根据柳某燕的证言证实，她虽然不记得2016年2月18日潘某某有没有在上班，但她明确记得年初八即2016年2月15日，

潘某某有来上班，因为她是和潘某某一起领开年利是，这里相差只有四天，难道说潘某某在过完年2月15日到广州公司上班，三天后又回到400千米以外的老家聚众斗殴？明显与常理不符。

⑤苏某嫦是潘某某在广州工作的房东，根据苏某嫦的证言证实，她虽然不记得案发当天潘某某是否在出租屋居住，但她陈述潘某某在过完年之后已经回到出租屋居住，只是不记得具体日期。

以上多项证据足以形成证明潘某某案发时不在现场的证据链。

（2）聚众斗殴的真正犯罪嫌疑人是潘某弟而不是潘某某：

①根据同案犯潘某1的供述和辨认笔录证实，真正和潘某1一起参与聚众斗殴的是潘某弟而不是潘某某。潘某1解释之前之所以供述和辨认是潘某某参与聚众斗殴，是因为潘某某和潘某弟长相相似，再加上潘某弟对潘某1声称自己叫潘某某，所以潘某1错误地向侦查机关供述和辨认了潘某某参与聚众斗殴。

②根据证人冯某华的证言和辨认笔录证实，她之前之所以在笔录中陈述和辨认是潘某某参与殴打她丈夫，是因为在案发当晚，她的家人向村中群众了解到是潘某某打伤她丈夫和她的小叔子，但是她现在已经不能再确定是否是潘某某。因为根据她目前所了解到的情况，打伤她丈夫潘某4和她的小叔子潘某3的是一个叫潘某弟的人，而不是潘某某。她陈述因为潘某某很像嫌疑人，想着这么多人，他应该也在场，所以就辨认是潘某某和她丈夫发生争执，但是现在她不敢再辨认，怕认错人，表示交由公安机关调查清楚。

③根据同案犯潘某3的供述和辨认笔录证实，潘某3同某某村的一名男子在小卖部发生冲突，被这名男子打伤鼻子，并且经潘某3辨认，辨认出打伤他鼻子的这名男子是潘某弟，却对潘某某不能辨认，该证据直接证明了真正的犯罪嫌疑人是潘某弟而不是潘某某。

④根据证人潘某武的证言证实，其从村中群众口中得知潘某3是被某某村的潘某弟打伤的。

⑤根据证人潘某光的证言和辨认笔录证实，他在家中二楼阳台看到一名光着上身、“涌”得最厉害的男子就是他的小学同学潘某弟，而且其从冯某华处得知，这名男子就是打伤潘某3的人，并且潘某光辨认出潘某弟。

⑥根据证人潘某芬的证言和辨认笔录证实，潘某芬目睹了一名男子打了潘某3一拳，但在辨认时无法辨认出这名男子是潘某某，说明潘某某并没有参与作案，侦查机关没有进一步把潘某弟的照片给潘某芬辨认。

⑦根据同案犯潘某5的供述和辨认笔录证实，潘某5陈述有人喊在场其中的一名男子的名字叫阿弟，说明该人可能是潘某弟而不是潘某某。

⑧根据杨某军的供述和辨认笔录证实，按照指控，杨某军是聚众斗殴中潘某某一方的人员，但杨某军却不能辨认出潘某某，说明潘某某没有参与。

⑨根据同案犯潘某4的供述和辨认笔录证实，潘某4和真正的犯罪嫌疑人有正面接触，还打了真正的犯罪嫌疑人两巴掌，事后听说这个人叫阿弟，辨认时却对潘某某无法辨认，说明潘某某并没有参与斗殴，侦查机关没有进一步将潘某弟的照片给潘某4辨认。

⑩根据同案犯冯某的供述和辨认笔录证实，冯某供述目睹真正的犯罪嫌疑人和潘某4发生推撞等一系列行为，却辨认不出是否为潘某某，侦查机关也没有进一步把潘某弟的照片给冯某辨认。

⑪根据同案犯潘某6的供述和辨认笔录证实，其目睹了潘某4和一名叫潘某弟的男子发生争吵等一系列行为，并且上前将双方劝开，但潘某6对潘某某无法辨认，侦查机关也没有进一步把潘某弟的照片给潘某6辨认。

以上证据足以证明真正的犯罪嫌疑人是潘某弟而非潘某某。尤其需要指出的是冯某华、潘某3、潘某4、冯某、潘某6五人都是聚众斗殴中和潘某某对立的另一方人员，和潘某某没有任何的利害关系，部分还是重伤的伤者及其亲属，站在他们的立场是非常希望追究潘某某的刑事责任的，但是这五人的供述或者证言都全部指向是潘某弟参与本案的聚众斗殴而不是潘某某。

（3）本案仅有的能证明潘某某参与聚众斗殴的两份证据存疑：

①同案犯潘某 1 后来的供述和证人冯某华后来的证言均已明确指出参与聚众斗殴的是潘某弟而不是潘某某，推翻了其前面的供述和证言，也就是说本案仅有的证明潘某某参与聚众斗殴的两份证据已经存疑。冯某华是潘某 4 的妻子，按照指控，潘某 4 是和潘某某、潘某 1 对立的另一方人员，而且潘某 4 还因此一只眼睛受伤失明。冯某华作为潘某 4 的妻子，其痛恨潘某某和潘某 1 且不可能包庇潘某某，所以冯某华后来的证言陈述，根据她目前所了解到的情况，打伤她丈夫潘某 4 和她的小叔子潘某 3 的是一个叫潘某弟的人应当是真实可信的。冯某华后来的证言和潘某 1 后来的供述一致且相互印证，所以本案仅有的证明潘某某参与聚众斗殴的两份证据严重存疑。

②按照指控，本案的聚众斗殴行为源于潘某某首先打了潘某 3 的鼻子一拳，潘某 3 的胞兄潘某 4 因此打了潘某某两巴掌，潘某某遂电话叫人，引发本案斗殴，但是潘某 3 供述和辨认是潘某弟打伤其鼻子并且对潘某某无法辨认，潘某 4 也供述被其打了两巴掌的人听说叫阿弟并且对潘某某无法辨认，因此，潘某 3 本人都供述自己是被潘某弟所伤，公诉机关却偏要指控是潘某某将其打伤导致聚众斗殴，指控的事实是荒谬的。

③潘某 4 因本案斗殴行为导致一只眼睛失明，对犯罪嫌疑人应当是痛恨的，其正面打了嫌疑人两巴掌，对嫌疑人印象深刻，为什么却对潘某某无法辨认，这只能说明潘某某根本没有参与。

④公诉机关指控潘某某因被打而电话告知朋友，引致其朋友潘某 1 等人后来的斗殴，但本案中，无法调取潘某某在案发当天的通话记录，也没有调取其他同案犯的通话记录，而调取到的潘某 1 的通话记录则证明案发当天没有和潘某某的通话记录，因此，公诉机关指控潘某某电话告知朋友引致后来的斗殴根本没有证据支持。

⑤根据本案的卷宗材料显示，目前侦查机关正在对潘某弟进行网上追逃，本案中潘某弟和潘某某之间只可能存在一个犯罪嫌疑人，目前既对潘某某提起公诉又对潘某弟进行追逃，实在令人无法理解。

因此，公诉机关的指控明显证据不足，且存在诸多疑点，所指控的事实均无证据可以支持，根据疑罪从无、无罪推定的法律原则，应当判决潘某某无罪。

（二）公诉机关意见

（1）本案据以认定潘某某参与聚众斗殴的证据有同案人潘某1的供述以及证人冯某华的陈述与指认，两份证据能够相互印证。

（2）针对潘某1的翻供理由不合乎常理，因为潘某1与潘某某相互认识，潘某1翻供称自己开始的几次供述错将潘某某当成了潘某弟，翻供理由不合乎常理，潘某1认识潘某某，其开始的几次供述不可能会错将潘某某当成潘某弟。

（3）证人冯某华在2017年4月以后所作的证言受到外界干扰，可信度极低，因为此前潘某某的亲属曾找到冯某华，称潘某某没有参与聚众斗殴，因此冯某华在2017年4月以后的证言已受干扰。

（4）针对潘某某提出的其不在场的证据，即广州某某有限公司的打卡记录，因其公司打卡不需要按指纹或者辨认头像，不能保证考勤表100%准确，证人柳某燕也记不清潘某某当天是否上班，不能证明潘某某不在案发现场。

（三）一审法院的意见

（1）同案犯潘某1到案后的前四次供述均指证潘某某参与本案，并辨认出潘某某。但潘某1在服刑期间翻供，称不认识辨认照片中的3号男子（潘某某），证明该男子没有参与作案，称该男子与打伤潘某3的嫌疑人相似，所以辨认错误。但潘某1原供述证明认识潘某某，潘某某亦供认认识潘某1，两人之间没有矛盾。潘某1在翻供时隐瞒了与潘某某相识的事实，对其矛盾的供述进行解释的理由牵强；但潘某1最初四次供述稳定，供述的内容亦经潘某1核对确认后签名，潘某1没有受到逼供、诱供，公安机关取证程序合法。故应采信潘某1前四次的供述，其翻供内容可信度较低。

（2）证人冯某华最初证实潘某某参与作案，并两次辨认出潘某某参与作案，后来的证言虽然未肯定潘某某参与作案，但也未否定，其后来的证言已受到外界干扰，可信度较低。

（3）打卡记录、考勤表虽然显示被告人潘某某案发期间在广州打卡上班，但证人李某是潘某某所在公司的主管，其证实公司上班打卡是持IC卡打卡即可，不需按指纹或者辨认头像，不能保证员工考勤表100%准确；证人柳某燕与潘某某是工友，两人是同一班次的员工，但其记不清楚2月18日潘某某是否上班。故上述证据未能证明潘某某不在案发现场。

（4）综上所述，公诉机关指控被告人潘某某聚众斗殴的证据有同案的潘某1的原供述、证人冯某华的证言予以证实，证据之间能相互印证，予以确认。被告人潘某某及其辩护人的质证意见理据不足，不予支持。本院认为，被告人潘某某无视国家法律法规，聚众斗殴，其行为已构成聚众斗殴罪，应予刑罚。公诉机关指控被告人潘某某犯聚众斗殴罪，事实清楚，证据确实充分，指控罪名成立，予以支持。

五、代理结果和理由

某某中级人民法院于2018年12月27日判决被告人潘某某无罪，具体理由如下：

（1）本案直接指向上诉人潘某某聚众斗殴的客观证据缺失。

①公安机关出具的考勤机打卡记录、考勤表证实案发当时上诉人潘某某在广州某某有限公司上班，即使广州某某有限公司的考勤方式是采用IC卡打卡方式，不能100%确定当时是潘某某本人考勤，也不能排他性地证明潘某某当时不在该公司上班，而是在案发现场。上诉人潘某某提出其公司及宿舍每层都有监控录像，公安机关却没有提取相应的监控录像来印证广州某某有限公

司考勤表的真实性。相反，除了考勤表，还有工友潘某燕证实案发当时潘某某在公司上班，工友柳某燕证实正月初八那天即2016年2月15日潘某某回公司上班，这些证据均不能得出潘某某案发当时在案发现场即某某区某某镇，而不在广州公司上班的唯一结论。

②公安机关出具的同案犯潘某1手机通话记录证实2016年2月18日潘某1与潘某某之间没有通话记录，但没有提取到潘某某的手机通话记录。而原审法院审理查明认定“后潘某某在村中被潘某3的大哥潘某4（另案）打了两巴掌，潘某某遂打电话通知朋友”没有客观证据证实。同时，同案犯潘某1在前四次供述中供认“我在家里待了十几分钟，潘某某打电话给我，说他让潘某4那家人打伤了”的言辞证据也与客观证据不符。相反，潘某1在后来补充的供述中供认“我不认识该3号男子（潘某某），不知道他的名字。以前公安机关提供给我辨认的身份证照，3号男子的照片与潘某弟很像，所以我一直都是说他就是潘某弟，现在看这张照片又不是很像了。潘某弟之前一直同我讲他的名字就叫潘某某，但我没看过他的身份证，所以我被抓获后向公安机关反映情况时就讲潘某某参与了本案，另外我记得我也讲过潘某某有个花名叫‘阿弟’的。潘某弟在案发前一直在村中玩，没有工作。我确定是潘某弟参与了本案，而不是照片中的3号男子（潘某某）”，这与客观证据相印证。

（2）本案直接证明上诉人潘某某聚众斗殴的言辞证据不足。潘某某归案后一直否认其于案发当晚在聚众斗殴现场参与斗殴，一直供述案发当晚其在广州公司上班。本案能直接证明潘某某参与斗殴的证据仅有同案犯潘某1的前几次供述和证人冯某华（斗殴另一方潘某4的妻子）的证言，而潘某1在补充的言辞证据中已明确表示真正的嫌疑人是“潘某弟”而不是潘某某，这与潘某1的通话记录相互印证；冯某华也表示其根据后来了解的情况不敢确认潘某某就是参与聚众斗殴的人，该证言也与潘某1后面的供述相互印证。

（3）本案证据不能完全排除他人作案的可能性。本案聚众斗殴的双方与“那名某某区某某镇某某村的男子”即挑起本案的嫌疑人有最直观的正面接触的就是潘某3与潘某4。

①潘某3的供述证实其与某某镇某某村那名男子发生冲突，并被其打伤鼻子和右眼角，那名男子约25岁，村里人叫他“阿弟”。潘某3也辨认出潘某弟就是打伤其鼻子的男青年，而无法辨认出潘某某。

②潘某4发现其胞弟潘某3被打伤后即到小卖部找“阿弟”理论。潘某4的供述中供认“那名打伤我弟潘某3的男青年光着上身，我听说他叫‘阿弟’，是某某镇某某村人”，与证人潘某光的证言中“我走到阳台就看见我右手边斜对面离家十几米的公路边有很多人在吵，其中有一名男子是光着上身的，他在那里‘涌’得最厉害，有几个人在拦着他，我能认得出来那个是我的小学同学潘某弟”相互印证，证实案发当时在现场光着上身的是潘某弟。同时潘某光亦辨认出潘某弟，却无法辨认出潘某某。

③潘某3与潘某4均是本案与这名某某村男子接触最密切的人，但他们均辨认出与他们发生冲突的是“潘某弟”，无法辨认出潘某某。若潘某某是案发现场的“阿弟”，在案发现场打伤潘某2，与潘某4理论，那潘某3与潘某4不可能辨认不出潘某某。本案除潘某1及冯某华外的其他同案犯与证人证言亦没有提及潘某某或者辨认出潘某某。案发现场这名引发斗殴的某某村男子仅有一人，既可能是潘某弟也可能是潘某某。因此本案的绝大部分证据均反映本案不能排除是潘某弟作案，潘某某是顶替潘某弟受罚的人。

(4)本案尚有其他涉案嫌疑人员未归案。由在案证据看来，引发本案的某某村男子更大可能性是潘某弟。公安机关多次对嫌疑人潘某弟进行抓捕，同时对其实施网上追逃，但未能抓获潘某弟。潘某弟在本案中具有重大作案嫌疑，但其目前尚未归案，导致本案事实难以查清。

综上，原判采信公诉机关提供的证据，虽然可以证明聚众斗殴案件的发生，但上诉人潘某某一直否认自己参与了聚众斗殴行为或者在案发现场出现。而侦查人员未能提取潘某某公司的监控录像印证潘某某是否在案发现场，同案犯及证人亦没有提及潘某某参与聚众斗殴，也无法认出潘某某，且本案尚有其他涉案嫌疑人未归案。依据现有证据证明潘某某参与聚众斗殴犯罪的主客观证据不足，全案证据没有形成完整的证据链，不能排除潘某弟作案的可能性，不能得出潘某某参与聚众斗殴的唯一结论。上诉人潘某某的上诉理由及其辩护人的辩护意见理由成立。

原审判决采信的证据仅能证明聚众斗殴犯罪的发生，但缺乏可以证明上诉人潘某某参与聚众斗殴犯罪的主客观证据，潘某某归案后始终否认其实施了聚众斗殴行为。本案在案证据没有形成完整的证据链，不能排除潘某弟作案的可能性，不能得出潘某某参与聚众斗殴的唯一结论。原审判决认定的事实没有达到证据确实充分的法定证明标准，认定上诉人潘某某犯聚众斗殴罪的事实不清，证据不足，依法应当以证据不足，指控罪名不能成立，判决宣告上诉人潘某某无罪。

六、办案小结

本案是一场罪与非罪间的博弈，案件历经一审、二审、重审一审和重审二审，最终被告人被判决无罪，其间被告人被错误羁押长达829天。笔者在办理该案的过程中，前后多次翻阅了所有的在案证据，逐字逐句地斟酌，从中找到突破口，确定辩护思路，着重从两方面为被告人提出辩护意见，一是对指控被告人有罪的两份言词证据作出全面反驳，二是对能够证明被告人无罪且真正的犯罪嫌疑人另有其人的在案证据逐一向法院作出列明。从终审判决的理由阐述上看，终审法院是完全采纳了辩护人的辩护意见。该案终审判决作出后，笔者代理被告人向一审法院提出国家赔偿申请，被告人已收到一审法院作出的国家赔偿决定，赔偿金额约25万元。笔者深感被告人终获无罪是多么艰辛，感谢被告人一直对笔者的信任。

【专家点评】

本案是一起被告人被控诉聚众斗殴罪的刑事案件，最终被告人被判决无罪。认真研读本案，本人认为有如下启示。

“以事实为根据，以法律为准绳”是一项基本的司法原则，更是刑事司法应始终坚持的一项基本原则，因为这直接关系到公民的自由乃至生命等重大法益。在该项司法原则中，“以事实为根据”是前提和基础，其重要性无须赘言。于是，在刑事司法中，摆在我们面前一个极其重要的问题便是如何解决刑事个案“基本事实清楚”的问题。

在刑事个案事实认定当中，认定案件事实的顺序与案件事实发生的顺序刚好相反。就故意犯罪而言，犯罪事实的发生顺序通常是行为人产生犯意，再实施构成要件的行为，最后造成法益侵害结果。但司法机关认定案件事实时，往往是在结果发生后，考察能否将结果归责于某种行为；在得出肯定结论后，再考量能否将行为与结果归责于特定的行为人。如果说，案件事实的发生顺序是从主观到客观，那么，认定案件事实的顺序则应从客观到主观。如果颠倒这一顺序，不仅难以正确认定案件事实，而且很可能导致侵犯公民的人权。但是，我国的司法机关习惯于从主观到客观认定案件事实，因此造成案件事实的认定困难。本案亦是如此，本案的侦查机关未能提取潘某某公司的监控录像印证潘某某是否在案发现场，同案犯及证人亦没有提及潘某某参与聚众斗殴，也无法认出潘某某。侦查机关所提供的主客观证据不足，全案证据没有形成完整的证据链，无法证明潘某某参与聚众斗殴犯罪。而原审判决在没有达到证据确实充分的法定证明标准的情况下，认定了潘某某犯聚众斗殴罪的事实。可见，原审法院在认定本案事实时，颠倒了从客观到主观的顺序，未能从客观到主观认定本案的案件事实。

由于无罪辩护案件往往比较复杂，事实和证据盘根错节，一般情况下无罪辩护的成功率极低。但是本案的辩护人在确定辩护思路时，精准地抓住了原审判决认定潘某某犯聚众斗殴罪事实不清、证据不足这一突破点，提出了被告人无罪且真正的犯罪嫌疑人另有其人的辩护意见。本案辩护人凭借娴熟的辩护技术，从事实证据，从法律逻辑的支撑点，击破有罪的指控，从而获得无罪辩护的成功。但是，每一件无罪辩护的成功，比辩护技术更重要的是辩护律师的勇气。辩护人要为被告人作无罪辩护往往要冒较大的风险，一位缺乏勇气的辩护律师是做不到的。此外，对于做无罪辩护的辩护律师来说，比勇气更重要的是坚毅。本案是一场罪与非罪的博弈，案件历经一审、二审、重审一审和重审二审，最终被告人被判决无罪，可见，在通往无罪辩护成功的道路上，辩护律师的坚毅是多么可贵的品质。因此，本案无罪辩护的成功，是辩护律师技术的力量，也是勇气的价值，更是毅力的推动！

（点评人：邱雪璐，广东石油化工学院文法学院讲师）

把握刑事黄金时间，律师精准辩护让当事人重获自由

——吴某光涉嫌非法占用罪案

黎胜峰

一、当事人和辩护人的基本情况

犯罪嫌疑人：吴某光

辩护律师：黎胜峰，广东诚挚律师事务所律师

二、案情概况

（一）案由

非法占用农用地罪。

（二）基本案情

2018 年 1 月，吴某光在其村集体承包经营的坡地建设规划养殖猪场，此养殖猪场属于吴某光为符合 H 市整体规划从原旧养殖猪场迁移过来重建的，猪场的建立经过政府、环保等方面的批准。养殖猪场建设符合环保和市、镇政府等各部门的规划要求，并没有存在任何污染或者扰民的情况。但在养殖猪场投入使用不到半年的 2018 年 7 月份，H 市公安局森林分局在工作巡查中发现该猪场后，认定该养殖猪场所在土地属于林地，而且经过现场测量面积达到 17.4 亩。

2018 年 7 月 8 日，H 市公安局森林分局向嫌疑人吴某光送达《鉴定结论通知书》，鉴定结论为“占用林地面积 17.4 亩，原有地形地貌和植被被破坏”。同日，H 市公安局以吴某光涉嫌“非法占用耕地农用地罪”而将其刑事拘留。2018 年 8 月 7 日，侦查

机关将案件呈送H市检察机关审查批准逮捕吴某光。

（三）案件审理经过

2018年8月7日送H市检察院审查批准逮捕，吴某光家属即日委托辩护律师介入处理，鉴于案件送检察院审查逮捕，作为辩护律师最多只有七日的时间向检察院为嫌疑人提供意见，争取不批准逮捕，以免造成更长时间的羁押。辩护律师加班加点于2018年8月8日提交了《法律意见书》，2018年8月14日检察院作出不予逮捕的决定。

三、争议焦点和分歧

（1）进行规模化养殖猪场建设是否属于非农建设。

（2）本村集体经济组织成员在本村集体承包经营的土地上建设养殖场与一般建设养殖猪场是否有所区分。

四、律师辩护意见和各方观点

（一）辩护律师的意见

（1）吴某光的行为不符合非法占用农用地罪的犯罪构成，不应以犯罪论处。

①吴某光主观上不具有非法占用农用地罪的犯罪故意。

经会见嫌疑人吴某光，据其本人陈述及相关的资料显示，涉案土地是由嫌疑人吴某光于2001年2月9日向本村集体承包经营使用的土地，承包经营期限至2030年12月31日止。2018年1月份之前，涉案土地一直用于种植树木等农业生产，并未改变土地地形地貌。

而在2018年1月份后，经当地国土、环保、畜牧、镇政府等部门现场勘查并将涉案土地列入“适养区”后，吴某光将涉案土地作为农业产业机构调整用地，用于规模化猪场养殖，并未用于其他非农建设。

②吴某光客观上不具有非法占用农用地罪的犯罪行为。

第一，根据国土资源部、农业部《关于促进规模化畜禽养殖有关用地政策的通知》（国土资发〔2007〕220 号）第二条第一款“本农村集体经济组织、农民和畜牧业合作经济组织按照乡（镇）土地利用总体规划，兴办规模化畜禽养殖所需用地按农用地管理，作为农业生产结构调整用地，不需办理农用地转用审批手续”的规定，2018 年 1 月至 7 月，吴某光虽然在涉案土地兴建猪舍，发展养殖猪场，但吴某光作为本村集体经济组织的成员，是完全按照本镇土地利用总体规划的。在环保、畜牧、国土、林业等相关部门现场勘察后，镇政府按照《M 市畜禽养殖区划定方案》有关要求，并结合当地的地形地貌，将涉案土地划分为“适养区”，即涉案的坡地是经政府各相关部门依法允许给吴某光作为兴办规模化的畜禽养殖猪场的土地，不存在吴某光私自占用涉案土地兴建养殖猪场的行为。

该养殖场于 2018 年 1 月开始兴建，始终坚持“环保先行，零污染”理念，不存在非法占用或者破坏涉案土地的违法行为，各项工作都是完全按照环保、畜牧、国土、规划、林业、镇政府等部门的要求严格推进，合理利用土地，大力发展规模化养殖业。

第二，根据国土资源部、农业部《关于进一步支持设施农业健康发展的通知》（国土资发〔2014〕127 号）的第二条第一款“设施农业用地按农用地管理。生产设施、附属设施和配套设施用地直接用于或者服务于农业生产，其性质属于农用地，按农用地管理，不需办理农用地转用审批手续”的规定，涉案猪场的办公室、猪料房、员工宿舍、食堂等配套附属农业设施，其性质也属于农用地，按农用地管理，不需办理农用地转用审批手续。

第三，根据《最高人民法院关于审理破坏土地资源刑事案件具体应用法律若干问题的解释》（法释〔2000〕14 号）第三条第二款“非法占用耕地‘造成耕地大量毁坏’，是指行为人非法占用耕地建窑、建坟、建房、挖沙、采石、采矿、取土、堆放固体废弃物或者进行其他非农业建设，造成基本农田五亩以上或者基本农田以外的耕地十亩以上种植条件严重毁坏或者严重污染”的规定，非法占用农用地是指占用农用地用于建窑、建坟、建房、挖沙、采石、采矿、取土、堆放固体废弃物或者进行其他非农建设。而由前所述，吴某光养殖猪场行为仍属于农业生产的行为，并非用于非农建设。

吴某光在整个事件中并未直接或者间接将涉案土地用于非农建设，改变涉案土地的用地性质。因此，吴某光不具有非法占用农用地罪的客观构成要件。

（2）即便认为吴某光涉嫌构成非法占用农用地罪，其实际涉案行为情节显著轻微，不应作为犯罪处理，另外具有可不予逮捕羁押的法定和酌定因素。

吴某光被刑事拘留后，其本人及家属也表示有积极采取将涉案土地复耕等积极补救措施，而且用于养殖猪场时间非常短，涉案土地的大部分植被并没有遭到严重的破坏，有复耕的可能，具有酌定从轻的情节。吴某光为人一直忠厚老实，品行端正，没有任何犯罪前科，在此次事件中也不存在任何暴力性行为，主观恶性极其微小，对吴某光取保候审不致发生社会危害性。

因此，辩护人认为，吴某光行为情节显著轻微，主观恶性极小，对其不批捕不致有社会危害性，没有逮捕继续羁押的必要。辩护人相信如对吴某光释放或取保候审，其定能谨遵法律规定，恪守各项法律规定，积极配合办案机关工作。

（二）侦查机关意见

侦查机关《提请逮捕申请书》中始终坚持的观点就是：

（1）农业生产仅限于种植农作物的生产活动。包括粮、棉、油、麻、丝、茶、糖、菜、烟、果、药、杂（指其他经济作物、绿肥作物、饲养作物和其他农作物）等农作物的生产，而养殖猪场并非农业生产的范畴。

（2）农业生产是不会存在破坏土地性质、植被的情形，而养殖猪场猪舍建设已经硬底化，明显破坏土地植被，并且占用的面积为17.4亩，远超刑事立案10亩的标准，这不应因占用的主体是本村集体经济组织成员就有所例外。

五、代理结果和理由

2018 年 8 月 14 日，H 市检察机关以事实不清、证据不足作出不予批准逮捕的决定；2018 年 8 月 15 日，嫌疑人吴某光已重获自由。

六、办案小结

（1）对刑事各期限应有敏感性，充分把握办理期限的时间节点，最大限度为嫌疑人提供法律帮助，免得错失良机。

按照我国刑事诉讼法的规定，犯罪嫌疑人在被逮捕前最长有 37 天时间，即刑事拘留最长 30 天加提请批准逮捕最长 7 天。因为国家赔偿、错案追究等原因，犯罪嫌疑人一旦被逮捕，将很难被判处无罪，往往只能追求轻判。而在 37 天之内，我们至少有两次机会可以保护犯罪嫌疑人的权利：第一是与侦查机关沟通，争取取保候审或者撤销案件；第二是向检察院侦查监督部门请求不予批捕，只要不批准逮捕，就会变更强制措施，一般而言是变更为取保候审。这将大大有利于案件的处理，有利于维护犯罪嫌疑人的合法权利。此次的案件辩护律师就是积极争取在检察院审查逮捕决定出来之前，与检察机关充分深入沟通，并且提供多份有理有据的翔实的法律意见书，最终取得圆满结果。

（2）作为辩护律师要对案件各方面的细节充分把握，对所述观点努力通过查找案例、法律法规予以支撑。

刚开始接触此案件，作为辩护律师看到占用的土地亩数、土地性质方方面面与“非法占用农用地罪”构成要件貌似都很切合。通过细致研究本案情况，发现面积数 17.4 亩没有任何可以争议的地方。但要构成犯罪，是否用于非农建设则是可以斟酌的，而且养殖业从大的范围来说其实就属于农业范畴。既然有这样的考虑，为得到检察机关的支持必须提供有力的法律法规支撑，经过多方查找最终找到相关的法律法规。

【专家点评】

本案事实清楚，证据充分，辩护人在辩护过程中论证充分，积极开展有效辩护。本案辩护人的辩护内容及过程，诠释了有效辩护在刑事诉讼中的重要性和必要性。

1. 有效辩护在刑事诉讼中的博弈

进行有效辩护，在法律框架内最大限度维护犯罪嫌疑人或被告人的合法权利，是刑事辩护律师的首要任务和使命。刑事诉讼过程中的公权力机关为了维护良好的社会秩序，难免会与辩护律师在打击犯罪与保护被告人权利之间相互博弈。而博弈的结果在于维护程序正义及实体正义的双重实现。

目前，我国刑事辩护仍普遍存在“重实体，轻程序”现象，较少刑事辩护律师提出犯罪嫌疑人、被告人无罪或者不应追究刑事责任的意见，这从一个侧面反映在维护社会秩序的公权力面前，对犯罪嫌疑人或被告人私权利的保护力度还很薄弱。辩护权在制衡打击犯罪的公权力责任系统中还不平衡。一些刑事辩护律师在辩护过程中畏首畏尾，不敢放手去辩，导致为被告人在公安侦查、检察院起诉、法院审判过程中所做辩护的力度没有达到应有的程度。

本案中，辩护人充分把握办理期限的时间节点，积极开展有效辩护，最大限度为嫌疑人提供法律帮助。积极寻找相关法律法规支撑自己的论点，多次与检察机关充分深入沟通，并且提供多份有理有据的翔实的法律意见书，大胆提出无罪主张，为犯罪嫌疑人争取合法利益的最大化，这是十分可贵的。

2. 有效辩护三大价值位阶

有效辩护第一价值位阶是保障人权的必然要求，也是维护犯罪嫌疑人或被告人合法权益的积极手段。有效辩护是相对于无效辩护的一个概念，在诉讼过程中表现为辩护人勤勉尽责，在合法范围内为当事人争取法律利益最大化。

有效辩护第二价值位阶是监督制衡公权力机关实现程序正义。刑事犯罪的侦查、起诉、审判都是在公权力机关的程序运作下进行的。辩护律师的有效辩护可以有效制衡、约束公权力机关，确保刑事程序有序进行，出现错误可以及时纠正。

有效辩护第三价值位阶是有效约束法律执业者。辩护律师作为专业法律职业者，如果有懈怠、消极的心态，对犯罪嫌疑人或者被告人是十分不利的。有效辩护制度的完善，能约束、督促辩护律师勤勉尽责，提高辩护能力和水平。

（点评人：张婷婷，广东石油化工学院文法学院讲师）

出让土地赚取差价的行为是否构成贪污罪

——林某某涉嫌贪污罪案

吴家海　张莹莹

一、当事人和辩护人的基本情况

被告人：林某某

辩护人：吴家海、张莹莹，广东诚挚律师事务所律师

二、案情概况

（一）案由

贪污罪。

（二）案情概况

2017 年 5 月 26 日，林某某被某某市某某区人民检察院反贪污贿赂局以涉嫌贪污罪立案侦查，并于 2017 年 12 月 9 日被移送某某市某某区人民检察院公诉部门审查起诉。某某市某某区人民检察院指控林某某在 2012 年担任某某市某某区供销社主任期间，利用职务之便，在转让供销社国有土地使用权过程中，采用骗取手段，侵吞土地使用权转让金 21 万元。

（三）案件审理经过

本案由某某市某某区人民检察院反贪污贿赂局于 2017 年 5 月 26 日立案侦查，于 2017 年 12 月 9 日移送公诉部门审查起诉。

三、争议焦点和分歧

（1）供销社是否能够成为贪污罪的主体。

（2）林某某转让供销社国有土地的行为是否构成贪污罪。

四、律师辩护意见

（一）从犯罪的构成要件来看，林某某依法不构成贪污罪

（1）犯罪主体不适格，贪污罪的犯罪主体必须是国家工作人员，即第一是各级国家权力机关、行政机关、审判机关、检察机关和军事机关中从事公务的人员；第二是国有公司、企业、事业单位、人民团体中从事公务的人员；第三是国家机关、国有公司、企业、事业单位委派到非国有公司、企业、事业单位、社会团体从事公务的人员；第四是其他依照法律从事公务的人员。本案中，某某市某某区供销社已经定性为企业法人，经济性质为集体所有制，林某某不属于国家工作人员的范畴，不是贪污罪的适格主体。

（2）主观方面不符合，贪污罪在主观方面必须具有犯罪故意。本案中，林某某没有非法占有单位财物之目的，本案没有证据证实林某某有非法占有的犯罪主观恶性以及非法占有公共财物的主观意志。

（3）犯罪客体不符合，贪污罪的犯罪客体是复杂客体，既侵犯了公共财物的所有权，又侵犯了国家机关、国有企业事业单位的正常活动以及职务的廉洁性，但主要是侵犯了职务的廉洁性。本案中，林某某没有侵犯公共财物的所有权，更没有侵犯职务的廉洁性。

（4）客观方面不符合，贪污罪的客观表现为利用职务之便，侵吞、窃取、骗取或者以其他手段非法占有公共财物的行为。本案中，林某某没有侵吞、窃取、骗取或者以其他手段非法占有供销社财物的行为。本案所有涉案土地是经过政府批准允许转让的，且没有限制购买人的资格和购买次数。无论是林某某或者林某某的亲属均有购买的资格。即使林某某有通过亲属向单位购买土地使用权，只要整个购买过程均是按照正常的价格支付对价，且所收取的土地转让金是全数划入供销社的账户，依法就不能认

定其行为是非法占有。至于土地转让后，受让人再转手赚取土地差价的行为也是正常的土地交易行为，况且法律也并没有规定受让人在受让土地后不能再转让。

综上，林某某并没有利用职务之便利，无偿取得土地使用权或者贪污土地出让金，不存在贪污的事实。

（二）检察院指控林某某犯贪污罪的证据不足

（1）周某某转让地案。检察院指控林某某虚构周某某已受让涉案土地，并以3万元转入供销社的账户。事后，林某某又代表供销社与卢某某签订《危房改造房屋使用协议书》，收取卢某某给予的土地使用权转让金6万元，侵吞土地转让金差价3万元。辩护人认为检察院的指控不实，理由如下：首先，检察院未能提供证据证实涉案土地的出让款有低于市场出让价。该案只有证人的陈述，是否低于市场出让价应由相关部门认定，仅凭证人陈述明显证据不足。而且这也无法证实起诉意见书所提到的是林某某与卢某某约定好之后才虚构人员高某某购地再转售赚取差价的事实。其次，根据《司法会计检验报告》鉴定意见，2012年6月18日，供销社分别收取了周某某支付的3万元土地使用金和林某某通过银行存入的3万元，共计6万元，且已在供销社单位账上入账的事实，并不存在林某某侵吞3万元土地转让金的事实。

（2）高某某转让地案。检察院指控林某某虚构高某某已受让涉案土地，并以10万元的价格入账。事后，林某某又代表供销社与罗某某签订《危房改造房屋使用协议书》，要求罗某某将20万元的土地使用权转让金转到梁某某账户，侵吞10万元差价。辩护人认为检察院的指控不实，理由如下：首先，检察院无法证明是林某某与罗某某约定好之后才虚构人员高某某购地再转售赚取差价的事实。其次，根据《司法会计检验报告》鉴定意见，2012年5月24日，供销社分别收取高某某的土地使用金10万元和由梁某某以现金形式存入供销社单位账户的10万元，共计20万元，且已在供销社单位账上入账的事实，并不存在林某某侵吞10万元土地转让金的事实。

（3）韦某某转让地案。检察院指控林某某在2012年虚构韦某某已受让涉案土地，并以4万元价格入账。2014年，罗某某为其女婿购买宅基地，遂与林某某商谈购买供销社的土地。林某某骗罗某某称有人转让供销社的宅基地，并由林某某的妻子庞某某代表韦某某与罗某某签订协议，收取罗某某的土地转让金12万元，侵吞8万元差价。辩护人认为检察院的指控不实，理由如下：首先，涉案土地已于2012年以4万元的价格出让给韦某某，且已经入供销社的单位账。至于韦某某是否是虚构的人物，还是林某某的亲属，这都不违反法律规定。其次，涉案土地经过2年之后必然升值，这属于土地的自然溢价，转让存在升值是符合市场规律和价值的，因此林某某以其妻子的名义代表韦某某以12万元的价格出让已经受让到的土地，并不违反法律规定，不属于贪污。

（三）检察院作为公诉机关，并未充分调取和收集证据

根据法律规定，侦查机关应当调取犯罪嫌疑人有罪、罪轻和无罪的证据。本案中，检察机关并未对林某某无罪和罪轻的证据进行调取和收集，证据存疑，没有构成完整的证据链。检察院作为公诉机关，依法还应当调取以下证据：

（1）涉案土地相邻土地的出售均价，对外出让价格，即初始受让人受让土地时候的价格；

（2）林某某已否认其签收到任何款项，那么公诉机关依法应当对签收款项上的签字进行司法鉴定；

（3）检察院并未对供销社的会计、副主任等工作人员调查取证。

综上所述，辩护人认为检察机关指控林某某犯贪污罪的证据不足，请检察机关对林某某作出不起诉决定。

五、辩护结果

某某市某某区人民检察院对林某某作出不起诉决定。

六、办案小结

贪污罪属于一种严重的经济犯罪，不仅损害了党和国家的形象，阻碍了社会主义法治建设的进程，同时还降低了党政机关的工作效率，造成整个社会的信任危机。但判断一个行为是否构成贪污罪，必须从其构成要件出发，证据必须充分。在证据存疑，或者指控证据不足的情况下，检察机关作出不起诉决定，既严格遵守了法律的规定，又维护了当事人的合法权益，真正做到了依法依规办案，避免了冤假错案的出现，这是我国法治进步的一大体现。

【专家点评】

本案是关于出让土地赚取差价是否构成贪污罪的问题，整个案件争议不明显，案情也比较简单，本人基本认同辩护人的主张。本人从此案件中对于贪污罪的思考，有如下启示：

1. 法益与定罪

对于贪污罪所侵犯的法益，学界曾经有过争论。目前理论通说认为，贪污罪既侵犯了职务行为的廉洁性，同时也侵犯了公共财产权。一罪所侵犯的法益属性，会折射到该罪成立的构成要件内容上。对于贪污罪而言，职务行为的廉洁性这一法益在构成要件上主要体现在“国家工作人员”“利用职务上的便利”上，公共财产权这一法益则体现在贪污罪的犯罪对象“公共财物”上。这三个构成要件要素正是本案例中涉及的问题，这就要求针对贪污罪的定罪，除了着眼于构成要件的审查，更深层次地，要寻求该罪所侵犯法益所蕴含的内在的、实质性的内容。

2. 骗取行为中的“利用职务上的便利”释义

贪污罪是指国家工作人员利用职务上的便利，侵吞、窃取、骗取或者以其他手段非法占有公共财物的行为。本案例中，主体问题明晰，客观条件上也基本排除侵吞和窃取等手段，只需衡量行为是否符合利用职务上的便利骗取公共财产。

骗取通常是指通过欺骗具有控制分配公共财物权限的领导，使其基于认识错误而作出将公共财物处分给行为人的决定的行为。骗取与侵吞和窃取的区别还是比较明显的，侵吞和窃取是公开或私密地侵占公共财物，而骗取则偏重于利用职务上的便利虚构事实隐瞒真相。本案例中，行为人在转让供销社国有土地使用权过程中，并未实施“骗取”行为，现有证据也无法证明其利用职务之便侵吞或者窃取公共财物，因此不符合贪污罪的构成要件，不能以贪污罪定罪量刑。

综上，基于案情及目前证据，辩护人对于案件争议问题把握准确，对证据的论证扎实充分，此案中林某某贪污罪主体不适格，其转让国有土地使用权行为也不构成贪污罪。

（点评人：张婷婷，广东石油化工学院文法学院讲师）

强奸犯罪中认定共同犯罪的争议点

——彭某丙被控强奸罪二审、重审案

卢荣锋

一、当事人及公诉机关基本情况

公诉机关：某市人民检察院
被告人：彭某丙
二审辩护人：卢荣锋、彭超暄，广东诚挚律师事务所律师
重审辩护人：卢荣锋、彭超暄，广东诚挚律师事务所律师

二、案情概况

（一）案由

强奸罪。

（二）基本案情

某市人民检察院指控：2017 年 6 月 24 日 21 时许，被害人江某甲（2004 年 6 月 26 日出生）、江某乙（2002 年 8 月 14 日出生）、杨某相约到某市某镇公园玩，因没有女装摩托车，杨某便打电话给被告人彭某甲借摩托车，彭某甲获知杨某和江某甲、江某乙在某镇政府门口等候时，立即打电话给被告人彭某乙，叫彭某乙驾驶摩托车到某镇政府门口搭杨某等三名女子，并想法将杨某等三名女子骗回彭某乙家中伺机强奸。于是，彭某乙驾驶一辆男装铃木摩托车来到某镇政府门口，但杨某等 3 人见是男装摩托车不肯上车，彭某乙便驾车离开，并打电话给被告人彭某丙，叫彭某丙帮忙搭杨某等三名女子。彭某丙同意后，驾驶一辆女装雅马哈摩托车与彭某乙驾驶摩托车来到某镇政府门口，江某乙便向

彭某丙要过摩托车，驾驶摩托车搭着江某甲、杨某一起前往某镇公园，彭某乙则驾驶摩托车搭着彭某丙尾随。

其间，彭某甲不断打电话催促彭某乙想法将该三名女子骗回家中。然后，彭某乙对彭某丙说以彭某丙的家人要用摩托车为由拒绝继续借用摩托车给女方，并由彭某乙驾驶摩托车搭着江某乙，彭某丙驾驶摩托车搭着江某甲、杨某往彭某乙家中行驶。当彭某乙搭着江某乙回到家中时，早已等候的彭某甲见状，以搭江某乙寻找江某甲、杨某为由将江某乙骗到某镇曲径村委会大冲尾山岭处，抱住江某乙准备实施强奸，江某乙挣扎反抗但挣扎不开，便假装同意，乘彭某甲不备往旁边的树丛逃跑，致彭某甲的强奸未能得逞。

当彭某丙搭着江某甲、杨某回到彭某乙家中时，彭某乙伙同“海哥”（身份不明，另案处理）以寻找江某乙为由将江某甲、杨某骗到某镇曲径村委会大路山山坡处，彭某乙叫“海哥”带着杨某走开后，就上前抚摸江某甲的胸部等处，江某甲挣扎反抗，彭某乙见状扬起手作殴打江某甲状。江某甲因害怕被打而放弃反抗，然后彭某乙强行与江某甲发生了性行为。强奸完后，彭某乙驾车搭江某甲回到家中，后彭某丙将江某甲带到某镇曲径村委会大冲尾山岭处寻找江某乙，乘四周无人之机，抱住江某甲准备实施强奸时，江某甲哭着跪求彭某丙不要强奸，彭某丙见到江某甲哭得可怜便中止了对江某甲的强奸，并将江某甲搭回其学校。

公诉机关根据上述指控，认为被告人彭某乙、彭某甲、彭某丙无视国家法律，违背妇女意志，以胁迫手段强行与妇女发生性行为，其行为均已触犯《中华人民共和国刑法》第二百三十六条第一款的规定，犯罪事实清楚，证据确实、充分，应当以强奸罪追究其刑事责任，并向法庭提供相应的证据，提请法院对三被告人依法判处。

被告人彭某乙对公诉机关指控其犯强奸罪没有异议，但辩解称没有与彭某甲、彭某丙密谋强奸。

被告人彭某甲对公诉机关指控其犯强奸罪没有异议，但辩解称没有与彭某乙、彭某丙密谋强奸。

被告人彭某丙对公诉机关指控其犯强奸罪有异议，辩解称没有与彭某乙、彭某甲密谋强奸。

三、审理经过

某市人民检察院于2018年1月4日向某市人民法院提起公诉，经某市人民法院审理后于2018年4月3日作出判决，认定被告人彭某丙犯强奸罪，判处有期徒刑四年六个月。被告人彭某甲、彭某丙不服判决提起上诉；某市中级人民法院经审理后将该案发回某市人民法院重审；某市人民法院重审后再于2018年10月22日作出判决。

四、争议焦点或分歧

被告人彭某丙是否与彭某乙、彭某甲有合谋而构成共同强奸犯罪。

五、律师辩护意见和公诉机关意见

（一）律师在二审以及重审中之主要辩护意见

辩护人认为，被告人彭某丙与另两名被告人欠缺犯意联络和协同行为，不构成共同犯罪，主要理由如下：

（1）从客观事实看，被告人彭某丙没有事先与其他两被告人合谋共同犯罪的现实基础，事中没有和其他两被告人通过意思联络而产生共同犯罪的犯意而参与到其他两被告人的犯罪行为，不构成共同犯罪。

首先，从被告人彭某丙及被告人彭某甲的庭前供述和庭审供述可知，被告人彭某丙与被告人彭某甲事发前互不认识，事发前完全没有与被告人彭某甲有过任何正面接触和交流，连电话都没有通过，被告人彭某丙根本不存在与陌生人未见过面即贸然合谋共同犯罪的现实合理性。从被告人彭某乙及被告人彭某甲的供述可知，被告人彭某甲事发之初只是打电话给彭某乙，让彭某乙帮忙开摩托车去搭本案的受害人，后来因受害人并不喜欢搭被告人彭某乙的男装摩托车，被告人彭某乙才想到打电话给有女装摩托车的被告人彭某丙，让被告人彭某丙开女装摩托车过来帮忙搭人，而被告人彭某丙在接到电话时只是认为帮忙搭人，此时根本不清楚被告人彭某甲与彭某乙之间是否存在密谋要搭受害人去进行强奸的意图。可见，被告人彭某丙不存在事先知情从而预谋的事实。

其次，在被告人彭某甲与彭某乙分别搭人外出过程中，两被告人均没有与被告人彭某丙有任何的沟通和交流，只留下被告人彭某丙一人在彭某乙家中，且另两被告人在分别带人出去发生性关系的过程中完全没有与被告人彭某丙进行过任何犯意联络。被告人彭某丙对于被告人彭某甲、彭某乙外出是否实施了强奸受害人、如何强奸、在何处强奸等情节均不清楚。这些从被告人彭某乙及彭某甲在一审庭审中的供述也可以得到充分印证。

再次，被告人彭某乙和彭某甲的强奸犯罪故意是分别形成的，也是在不同的时间形成的，并在不同的空间针对不同的侵害对象采取不同的手段、行为方式，并非共同犯罪。可见，被告人彭某丙也不存在事中与两被告人形成合谋强奸的意思联络而构成共同犯罪故意。

最后，根据主客观相统一的原则，共同犯罪的成立除需具备共同的犯罪故意之外，还要求各行为人在客观上具有协同行为。而本案中，如前文所述，三人的行为都是单方行为，被告人彭某丙对被告人彭某乙和彭某甲的实际行为完全不知情，更没有基于犯意而参与。被告人彭某丙对于被告人彭某乙或彭某甲各自实施的行为不存在互相利用、补充和配合等任何关系。被告人彭某丙与被告人彭某乙和彭某甲实施行为发生的后果没有直接和绝对的因果关系，不应对另两被告人的行为承担责任。

综上而言，被告人彭某丙没有和其他两被告人存在共同犯罪的事前或事中的意思联络，也即没有共同犯罪的犯意，客观上也没有参与另两被告人实施强奸受害人的行为。对此，辩护人认为，本案中三人的行为之间欠缺犯意联络和协同行为，不构成共同犯罪。

（2）从指控证据上看，指控被告人彭某丙与其他两被告人合谋共同犯罪的主要证据存在缺陷和疑点，未能排除其他合理怀疑，不能作为直接认定被告人彭某丙构成共同犯罪的证据。

一审中，指控被告人彭某丙与其他两被告人合谋共同犯罪的主要证据是各被告人在公安机关所作的供述，但这部分供述不应作为定罪证据，应予排除，主要理由有：

①被告人彭某甲所作的供述存在以疲劳审讯方式取得之嫌，属于以变相方式刑讯逼供所取得的证据。从被告人彭某甲在公安机关所作的供述来看，其前三次供述均在某市公安局办案中心形成，而其中前两次被讯问的时间又均在深夜凌晨时分，且间隔时间非常短（第一次被讯问的时间是“2017年6月25日23时52分至2017年6月26日00时53分”，第二次被讯问的时间是“2017年6月26日3时10分至2017年6月26日3时23分”），显然属于被疲劳审讯，被告人在此情形下所作供述的真实性明显存疑。

②根据《最高人民法院　最高人民检察院　公安部　国家安全部　司法部〈关于办理刑事案件严格排除非法证据若干问题的规定〉》第九条的规定，犯罪嫌疑人送交看守所羁押后，侦查机关应当在看守所进行讯问，而被告人彭某甲于2017年6月26日被刑事拘留，羁押在某市看守所，但其第三次、第四次所作的供述却是在某市公安局办案中心形成，且公安机关对此没有作出任何合理解释。被告人彭某甲在公安机关所形成的供述不符合程序，其供述的真实性、有效性存疑，不应作为采信证据。

③讯问被告人彭某丙的公安侦查人员身份不明，取证主体是否合法有效存疑。从公安机关的公文资料中可知，同一案件中相同的两侦查人员，却有不同的工作单位。同样地，第二次讯问被告人的各侦查人员，也存在上述同样的问题。由此可见，本案对被告人彭某丙和其他被告人作讯问的侦查人员身份不明，是否具有取证资格存疑，其对被告人和其他被告人所作的讯问笔录不应作为有效证据。

④被告人彭某丙自幼内向，不善言辞，有语言、思维障碍，

表达能力低下，日常难以进行完整有序的口头表达，而公安机关对被告人所作的第一次讯问笔录内容却异常详细有序、清楚完整，已远超出被告人彭某丙的正常表达范围，显然不符事实，从而反映出笔录内容的不可信，不应认定为被告人彭某丙的真实意思表示。

⑤被告人彭某丙与被告人彭某甲在检察院讯问中及三人在法院庭审中均一致否认共同密谋强奸，如此同步一致否认有共同密谋，最为合理的解释是事实上就根本不存在合谋共同犯罪，而被告人在公安机关做的有罪供述确实有可能是受到公安办案人员不同程度的威吓、强迫等逼供下作出。对于被告人在公安机关所作的供述应谨慎采纳。

如上所述，被告人彭某丙及被告人彭某甲在公安机关所作的供述存疑，且未能排除其他合理怀疑，不应作为认定被告人和其他两被告人合谋共同犯罪的有效证据，而这部分证据作为指控被告人和其他两被告人合谋共同犯罪的主要定罪依据，因证据存疑且未能排除合理怀疑，案卷中亦再无其他有效直接证据可以印证被告人彭某丙与其他两被告人合谋犯罪，故指控三人共同犯罪的证据不足。

（3）在被告人彭某丙不构成共同犯罪下，对于被告人彭某丙开车搭江某甲外出寻人过程中临时起意对女方进行拥抱的行为不应认定为强奸犯罪。

从受害人江某甲的陈述及被告人彭某丙在庭审中的真实表述可以一致反映印证，受害人江某甲是自愿跟随被告人彭某丙开摩托车出去找寻江某乙，被告人彭某丙没有通过任何带有威吓、胁迫等暴力方式要求受害人外出；而被告人彭某丙带受害人外出到一山岭处后，其间只是口头向受害人江某甲征求是否同意发生性关系的意见，没有任何暴力行为，在受害人表示不愿意后，被告人彭某丙没有强行和受害人发生关系，而是按受害人要求搭她到了学校。

可见，被告人彭某丙虽有与受害人发生关系的想法，但并没有违背女方的意愿，更没有通过暴力方式对受害人实施实质的强奸行为，也未造成受害人受损的后果，被告人彭某丙的行为既没有犯罪的主观故意，也没有实施犯罪的实行行为，不符合强奸罪的构成要件，不应认定为犯罪。

综上所述，辩护人认为，本案认定被告人彭某丙与另外两被告人构成共同强奸犯罪的事实不符、证据不足，根据“疑点利益归于被告人”和“疑罪从无”的法律原则和精神，恳请合议庭对被告人彭某丙的行为作出准确的定性，依法对被告人彭某丙宣告无罪。

（4）如合议庭坚持要认定被告人彭某丙构成犯罪，那么提请合议庭注意被告人彭某丙在女方江某甲哭泣下便主动停止了所有对女方的接触的行为可以认定为犯罪中止，且没有造成女方受损的后果，依法应免除或至少减轻处罚。

根据《刑法》第二十四条的规定，犯罪中止是指“在犯罪过程中，自动放弃犯罪或者自动有效地防止犯罪结果发生”的行为。“对于中止犯，没有造成损害的，应当免除处罚；造成损害的，应当减轻处罚”，以及《刑事诉讼法》第十五条“有下列情形之一的，不追究刑事责任，已经追究的，应当撤销案件，或者不起诉，或者终止审理，或者宣告无罪：（一）情节显著轻微、危害不大，不认为是犯罪的”的规定，本案中彭某丙没有对女方江某甲实施任何暴力性的行为，也没有对女方造成侵害后果，可见其行为情节显著轻微、危害不大，应当可对彭某丙免除处罚。

（二）公诉机关意见

公诉机关认为，本案指控三被告人合谋强奸犯罪的事实清楚，证据依法取得且达到确实充分的程度，三人属共同犯罪，且被告人彭某乙已对受害人实施完成强奸行为，根据共同犯罪“一人既遂，全体既遂”的基本原理，只要共同行为人中有一人的犯罪行为得逞，各共同行为人的犯罪行为均应认定为犯罪既遂。故对本案三被告人均应以强奸罪定罪处罚，追究刑事责任。

对于辩护人提出的彭某丙与其他两被告人不构成共同犯罪的意见，虽三被告人均否认有密谋，但从各被告人之间的联系和沟通意思来看，可以确认三人对骗取被害人回彭某乙家中进行强奸已有明确意思联络，而彭某乙及彭某甲又实际对被害人采取了实际行动，故三人构成强奸共同犯罪的事实清楚，证据充分，足以认定。

对于辩护人提出的证据问题，虽有瑕疵，但经补充合理说明，不影响效力，依法可以作为认定证据。辩护人以“疲劳审讯”“诱供逼供”等为由主张排除部分被告人供述，但辩护人及被告人均未能提供线索，故不应采信辩护人排除证据的主张。

六、裁判结果和理由

二审中，某市中级人民法院经全面审阅案卷材料，提审被告人，听取辩护人意见后，认为该案中关于被告人彭某丙是否与彭某乙、彭某甲合谋强奸情节尚未查清以及本案证据尚有疑点未能排除合理怀疑，遂将该案发回某市人民法院重审。

重审中，某市人民法院对关于三被告人事前是否有合谋强奸，是否属于共同犯罪的问题，经综合被告人的辩解及辩护人的意见，评判认为：该案虽经二审法院以事实不清发回重审，且被告人彭某内与其他两名被告人否认合谋强奸，但从本案证人证词、被害人陈述以及被告人供述等证据相互印证，以及结合当时被告人所处情景，足以证明三人是在有合谋强奸的犯意联络下各自分别实施的强奸犯罪，均应按其所参与的犯罪处罚。对于辩护人提出的被告人主动停止对女方的接触行为可认定为犯罪中止的意见，予以采纳；对于其他辩护意见，本院不予支持。故此，判决被告人彭某丙犯强奸罪，判处有期徒刑二年。

七、办案小结

承办该案件，主要有以下两方面的感想：

第一，刑事案件的辩护开展。在二审中，我们作为辩护律师多次到法院约见承办法官，就案件的事实查明、证据认定等问题与承办法官进行讨论、交换意见，提交了有的放矢的书面辩护意见，最终得到了承办法官及合议庭的重视，将该案发回一审法院重新审理，以查明三被告人尤其是彭某丙是否与其他两被告人之间有合谋强奸犯罪之问题，以及对存疑证据作出效力认定。二审辩护取得了阶段性成效。

发回重审后，我们作为辩护律师又再多次与承办法官沟通，交换意见。遗憾的是，在重审中无论是公诉机关还是审判机关终未能实质对三被告人具有合谋犯意以及证据效力等核心争议性问题作出正面且有说服力的回应，仍只是传统保守式的“本案指控犯罪的事实清楚、证据确实充分”给予简单回复。鉴于此，再考虑刑事案件要实现“无罪”之难，为免当事人再添无谓诉累，经与当事人及其家属协商并得到同意下，遂在重审中对辩护策略作了“妥协式”调整，除坚持二审中不构成共同犯罪辩护意见外，最后加上了“如坚持要认定被告人彭某丙构成犯罪，辩护人表示遗憾外仍提请合议庭注意被告人彭某丙可认定为具有犯罪中止情节”作为兜底辩护，以期促使法院能够最大限度减轻对被告人彭某丙的处罚，而最终法院确实也是以此为由对被告人彭某丙作了减少刑期的量刑处理。案件结果虽与无罪目的相去甚远，但相比之前一审结果已减少一半刑期，当事人及其家属也已坦然接受并表示对辩护工作认可。

此类案件所折射出来的被害人与被告人之法益衡量、存疑证据之效力认定、审理裁判之释法说理等问题，值得我们法律人细思深究。而对于刑事辩护律师来说，如何在法律框架和现实国情内最大化实现当事人的合法权益，则更是首要之义、重中之重。

第二，关于本案共同犯罪的认定思考。共同犯罪必须具备主观上的共同犯罪故意和客观上的共同犯罪行为两个必要条件。共同犯罪故意主要是指各行为人之间必须存在关于共同实施特定犯罪行为的犯意联络。共同犯罪行为主要是指各行为人在犯意联络的基础上共同实施相应的犯罪行为。

实践中，对共同犯罪故意的认定需要关注以下两个方面的内容：一是共同犯罪故意的认识因素和意志因素；二是共同犯罪人之间的犯意联络。具体言之，共同犯罪故意的认识因素是指各行为人对本人和他人共同实施的犯罪行为所具有的社会危害性的认识。共同犯罪故意的意志因素即各行为人在认识到共同犯罪社会危害性的基础上决意共同实施犯罪行为，希望或者放任共同犯罪危害结果发生的心理态度。而共同犯罪人之间的犯意联络则是指各行为人关于相互协同实施特定犯罪行为的意思沟通，其实质是指各行为人共同实施特定犯罪行为的“合意”。共同犯罪行为人必须对共同犯罪具有故意，但如果各行为人之间欠缺相互协同实施特定犯罪行为的意思沟通，则不构成共同犯罪。

本案中，我们作为辩护律师始终认为对于被告人彭某丙是否与其他两名被告人有合谋强奸犯罪这一争议性问题，在案事实是未能排除合理怀疑、证据未能达到确实充分的程度，在案证据不能反映和认定被告人彭某丙具有与其他两被告人共同强奸的认识因素和意志因素，指控被告人彭某丙与其他两名被告人具有犯意联络而共同犯罪的证据不足。实际上，本案三被告人的行为与最高院发布的《刑事审判参考》第658号指导案例（刘正波、刘海平强奸案）高度相似，法院可参照该判例以“同时犯”对各被告人根据其涉案行为予以分别处理。

【专家点评】

强奸罪是一种常见高发犯罪，而本案所涉及的强奸共犯认定问题具有一定的特殊性。通过对本案的认真研读，本人从以下两方面剖析案情、陈述观点：

1. 被告人彭某丙与另两名被告人不构成共同犯罪，但另两名被告人之间构成共同犯罪

《刑法》第二十五条规定：共同犯罪是指二人以上共同故意犯罪。据此，构成共同犯罪，必须满足三个要件：①行为人为二人以上；②有共同故意，即有犯罪故意的意思联络；③有共同行为，在共同故意下相互配合。以上三个要件均是认定共同犯罪的必要条件，缺一不可。从案情来看，三被告人在同一时间段对同一对象群实施强奸行为，貌似可以构成强奸罪的共犯。但仔细审查后会发现，首先，彭某丙驾驶摩托车接被害人以及实施随后的

强奸行为时，并未知晓另两名被告人的动机与行为，更不形成与另两名被告人共同实施强奸的意思联络。其次，彭某丙在不知情的情况下搭载被害人到指定地点，不能认为这是彭某丙是在共同故意下对另两名被告人的配合，即不构成共同犯罪的共同行为之要件。综上，彭某丙的强奸行为不符合共同犯罪三个要件中的两个，因此不构成与另两名被告人的共同犯罪，而应该认定为同时犯，这一点本人基本认同辩护人意见。

而另两名被告人，即彭某甲和彭某乙的强奸行为应认定为共同犯罪，理由如下：彭某甲打电话给彭某乙叫其骑摩托搭载被害人时已告知对方欲实施强奸的犯意，两人已达成实施强奸的意思联络。随后彭某乙联系彭某丙一同搭载被害人到之前与彭某甲约定好的地点，彭某乙与彭某甲已完成了共同故意下的共同行为之“配合”，两人已完全满足共同犯罪的构成要件，因此本人不赞同辩护人认为三人之间均不属于共同犯罪的主张。综上，本人认为彭某甲和彭某乙构成强奸罪的共犯，而彭某丙不满足共同犯罪的构成要件，应定性为同时犯。

2. 被告人彭某丙构成强奸罪，应认定为犯罪中止

强奸罪的构成要件要求我们在评定一行为罪与非罪的时候，应考虑行为人是否采用暴力、胁迫或者其他方法逼迫被害人发生性行为。从案情分析来看，彭某丙虽然没有使用暴力，但实施该行为时所处的地点是山岭处，四处无人的环境给予被害人精神上的压力可以视作一种精神上的胁迫。更重要的是，从案情中我们得知，当时彭某丙已抱住被害人欲实施强奸，如果只是口头征求是否同意发生性行为，按常理来说，被害人不会跪地哀求。因此，彭某丙已着手实施强奸，构成犯罪。后因心生怜悯，中止了犯罪行为。综上，应认定被告人彭某丙强奸罪成立，形态为犯罪中止。

此外，辩护人在辩护过程中敢于质疑证据来源，对证据提出合理性怀疑，并始终坚持积极辩护，是值得称赞的。

（点评人：张婷婷，广东石油化工学院文法学院讲师）

刑事诉讼过程中被告人合法举证最终获得无罪宣判

——A 公司涉嫌单位行贿罪一案

廖业诗　彭超暄

一、当事人和辩护人基本情况

公诉机关：上海市某某区人民检察院
原一审法院、重审一审法院：上海市某某区人民法院
二审法院：上海市某某中级人民法院
犯罪嫌疑人 1：A 公司
A 公司辩护人：廖业诗、彭超暄，广东诚挚律师事务所律师
犯罪嫌疑人 2：杨某某
杨某某辩护人：沈某某、张某某，北京某某律师事务所律师

二、案情概况

（一）罪名

单位行贿罪。

（二）基本案情

公诉机关上海市某某区人民检察院指控，2000 年至 2013 年间，被告人杨某某为在以 A 公司上海分公司名义承建相关工程、提前支付部分工程款、参评“白玉兰奖”以及项目施工验收等事项上谋取不正当利益，代表 A 公司上海分公司给予上海第二医科大学原副校长庄某某等人现金、购物卡及房屋装修费等共计价值人民币（以下币种均为人民币）181.3 万余元。为证实上述指控，公诉机关当庭出示并宣读了证人证言、书证、案发经过等证据。

公诉机关认为，被告单位 A 公司为谋取不正当利益而向国家工作人员行贿，情节严重，被告人杨某某作为直接负责的主管人员，其行为均已构成单位行贿罪。被告单位 A 公司及被告人杨某某均在被追诉前主动交代行贿行为，且被告人主动交代了司法机关尚未掌握的重大犯罪事实。据此，提请一审依法审判。

（三）案件审理经过

上海市某某区人民检察院起诉书指控被告单位 A 公司及被告人杨某某犯单位行贿罪向上海市某某区人民法院提起公诉，上海市某某区人民法院审理后作出一审刑事判决。认定被告单位 A 公司及被告人杨某某犯单位行贿罪。后被告单位 A 公司不服，向上海市某某中级人民法院提出上诉。上海市某某中级人民法院审理后裁定撤销一审刑事判决，发回上海市某某区人民法院重新审判。上海市某某区人民法院重新审理后，判决被告单位 A 公司无罪，被告人杨某某犯行贿罪。

（四）当事人被羁押情况

被告人杨某某因本案被羁押，后取保候审。

三、争议焦点和分歧

被告人杨某某向他人输送不法利益，被告单位 A 公司是否因此构成单位行贿罪。

四、辩护人意见和各方观点

（一）被告单位 A 公司辩护人意见

（1）本案侦查、审查起诉过程中，侦查部门、审查部门未依法通知 A 公司参加诉讼，严重剥夺了 A 公司应有的诉讼权利。

A 公司属于法人单位，从本案立案侦查起，A 公司的住所地始终没有变更过。在工作时间内，A 公司有门岗人员、办公室工作人员值班。据 A 公司工作人员详细查证，没有接收到任何关于 A 公司涉嫌单位行贿罪被侦查、起诉的正式书面材料。侦查机关对 A 公司没有实施过任何侦查行为。本案的整个案卷（侦查、审查起诉部分）中，未见 A 公司自行或者委托辩护人对本案的罪与非罪、罪轻与否发表过任何意见以及进行过任何辩护。

《中华人民共和国刑事诉讼法》第十四条规定：人民法院、人民检察院和公安机关应当保障犯罪嫌疑人、被告人和其他诉讼参与人依法享有的辩护权和其他诉讼权利。

鉴于本案严重违反法定程序。为此，A 公司辩护人要求法院判决 A 公司无罪。

（2）A 公司主观上不存在犯罪故意。

①相关法律规定。

犯罪故意是指明知自己的行为会发生危害社会的结果，并且希望或者放任这种结果发生的主观心理状态。犯罪故意，分为直接故意和间接故意。直接故意是指明知自己的行为会发生危害社会的结果，并且希望这种结果发生的心理态度。间接故意是指明知自己的行为可能发生危害社会的结果，并且有意放任，以致发生这种结果的心理态度。

单位行贿罪是指单位为谋取不正当利益而行贿，或者违反国家规定，给予国家工作人员以回扣、手续费，情节严重的行为。

根据上述相关规定，本案 A 公司被指控的单位行贿罪属于故意犯罪，而且属于直接故意的犯罪，间接故意不构成本罪。

②A 公司主观上不存在任何犯罪故意的相关事实和证据。

A 公司提交的证据显示，在 2003 年至 2009 年间，被告人杨某某为了在上海市招揽工程，与 A 公司签订了承包经营合同。双方约定，被告人杨某某借用 A 公司上海分公司的工程施工资质，并使用该分公司名义与发包方签订施工合同。作为对价，每承包一单工程，被告人杨某某需向 A 公司缴纳该单工程总造价的 1% 至 2% 的费用。该承包经营合同明文禁止被告人杨某某实施行贿行为。

A 公司对于杨某某在 2003 年至 2007 年间给庄某某等人行贿的行为不知情。A 公司的不知情，包括没有参与谋划、没有参与筹集或提供资金、没有事前委托或者默许杨某某行贿、没有事后追认等等。

③单位行贿罪属于直接故意的犯罪，不属于间接故意的犯罪。其一，即使在本案中A公司对于承包上海分公司的杨某某负有监管责任，也应该是工程建筑上、业务上的监管，而不是对于杨某某个人是否实施行贿犯罪方面的监管。杨某某个人实施行贿犯罪，不能视为A公司的监管过失。其二，即使A公司有该方面的监管职责而未能切实履行监管职责，基于A公司将上海分公司承包给杨某某，不可能“明知”杨某某即将进行行贿。故也不能将该种监管责任的缺失归类为刑法意义上所言之“间接故意”(即明知自己的行为可能发生危害社会的结果，并且有意放任，以致发生这种结果的心理态度)，更不能将之归类为刑法意义上所言之“直接故意”(即明知自己的行为会发生危害社会的结果，并且希望这种结果发生的心理态度)。

因此，在本案中，A公司主观上不存在犯罪故意。

(3) A公司没有“为谋取不正当利益”的目的。

A公司与杨某某签订的承包经营合同显示：每承包一单工程，被告人杨某某需向A公司缴纳该单工程总造价的1%至2%的费用。该1%至2%的费用，实质属于借用资质、开具发票的对价。除了该1%至2%的费用以外，其他98%至99%的工程款归杨某某所有。自始至终，对于杨某某能提供多或者少的回报，甚至对于杨某某能否提供回报，A公司没有采取任何合法、不合法的措施进行促进、协助，以达到自己多收费的目的。

因此在本案中，不能认定A公司有“为谋取不正当利益”的目的。

(4) 本案中，行贿资金的来源也能证实A公司未参与本案的犯罪。

对于行贿资金的来源，杨某某供述如下：一是来源于从A公司上海分公司额外套取的现金备用金；二是来源于向朋友借的现金；三是来源于从妻子王某某那里获取的一些现金；四是来源于平时从其他单位套取的现金。

上述资金来源，均来源于其个人，与A公司没有关系。同时，该事实也能证明本案行贿的利益归于杨某某个人，与A公司并没有直接的关联。

综上所述，辩护人认为A公司确实未参与本案犯罪，为此要求法庭依法宣判A公司无罪。

（二）被告人杨某某及其辩护人的意见

被告人杨某某及其辩护人认为，杨某某承包A公司上海分公司，系负责人，其为了招揽工程、结算工程款而向他人输送利益，构成单位行贿罪。

（三）公诉机关意见

除了起诉书上所提出的意见外，在本案庭审过程中，就本案犯罪主观故意问题，公诉机关回应认为：虽然A公司没有参与共谋，但对承包A公司上海分公司的杨某某负有法律上的责任（具体指监管方面的责任），因A公司存在这方面的监管过失，故应承担刑事责任。

（四）生效判决法院的意见

（1）关于被告单位诉讼代表人及被告单位辩护人所提被告单位不构成单位行贿罪的意见。

法院认为，单位行贿罪的主观方面由故意构成，即经单位决策机关授权和同意，直接负责的主管人员和其他直接责任人员是在单位整体意志支配下以故意行贿的方式表现出来，并且必须具有为单位谋取不正当利益的目的，这是单位行贿罪成立的前提条件。本案查明的事实和证据表明：第一，被告人杨某某供述1996年开始至案发期间，与A公司签订个人承包合同，根据约定杨某某每年向A公司缴纳管理费，具体项目由杨某某个人自主经营、自负盈亏，具体费用、杨某某个人工资及下属员工的工资由杨某某个人承担。第二，本案中杨某某在向庄某某、巫某某等人行贿前后并未向A公司的上级领导请示或汇报，完全由杨某某个人自行决定。第三，与行贿相关的工程所获得的工程款、收益等进入A公司账户后，A公司扣除约定的管理费用后，剩余钱款由杨某某自主支配。第四，本案中的行贿款由杨某某以工人工资等名义从公司账目申请后支出，公司对相关款项的真实用途并不清楚。由此观之，杨某某的行贿行为并不能够体现单位意志，所谋取的不正当利益亦归属于杨某某个人，A公司不具有行贿的主观故意和客观行为，辩护人认为A公司不构成单位行贿罪的意见理由成立，予以支持。

（2）被告人杨某某在个人承包经营过程中，为谋取不正当利益，向国家工作人员行贿，情节严重，其行为已构成行贿罪。公诉机关对杨某某的指控成立，应予支持。

五、办案小结

本案件历经一审、二审、重审一审，最终被告单位A公司被判决无罪，被告人杨某某被判构成个人行贿罪。在办理该案的过程中，辩护人牢牢把握住“侦查、审查起诉过程中，侦查部门、审查部门未依法通知A公司参加诉讼”这个重点。通过被告单位A公司向法庭提交《承包经营合同》作为证据，以被告单位A公司、被告人杨某某之间的承包关系为基点，结合其他证据，达到说服法院采纳辩护观点的目标，法院最终宣判被告单位A公司无罪。通过该案的辩护工作，笔者对于刑事诉讼过程中，被告人对自身证据的挖掘、使用有了新的认识。

【专家点评】

本案罪名“单位行贿罪”，《刑法》第三百九十三条规定：“单位为谋取不正当利益而行贿，或者违反国家规定，给予国家工作人员以回扣、手续费，情节严重的，对单位判处罚金，并对其直接负责的主管人员和其他直接责任人员，处五年以下有期徒刑或者拘役。因行贿取得的违法所得归个人所有的，依照本法第三百八十九条、第三百九十条的规定定罪处罚。”分析本案在犯罪构成及办案中律师辩论等事实，提出以下值得思考的问题：

（1）本案中单位行贿罪的主体是A公司，属于法律规定的

“单位行贿罪”犯罪主体是公司、企业、事业单位、机关、团体，但A公司行为是判断是否构成犯罪的焦点。

单位行贿罪的犯罪主体是单位：单位行贿罪与单位受贿罪的不同在于，单位行贿罪并不仅仅局限于国有公司、企业、事业单位、机关、团体，还包括集体所有制企业、中外合作企业、有限公司、外资公司、私营公司等。《人民检察院直接受理立案侦查案件立案标准的规定（试行）》第（六）部分对单位行贿案（第391条）规定：“单位行贿罪是指为谋取不正当利益，给予国家机关、国有公司、企业、事业单位、人民团体以财物，或者在经济往来中，违反国家规定，给予上述单位各种名义的回扣、手续费的行为。”

单位行贿罪在主观方面表现为直接故意，并且具有为本单位谋取不正当利益的目的。在本案中公诉机关没有提供相关证据证明A公司故意并获利的行为。

其中最重要的判断焦点是“由单位集体研究决定或者由其负责人决定以单位名义实施，获取的不正当利益也归单位所有”。在本案中没有证据证明A公司集体讨论了该行贿的事实，也不能证明A公司获利的事实。如果在单位行贿犯罪中，直接负责的主管人员和其他直接责任人员将单位行贿所取得的非法利益中饱私囊，归个人所有的，根据本条规定，应对直接负责的主管人员和其他直接责任人员按照《刑法》第三百八十九条、第三百九十条规定的个人行贿罪处罚。

该案中的被告人杨某某为在以A公司上海分公司名义承建相关工程、提前支付部分工程款、参评“白玉兰奖”以及项目施工验收等事项上谋取不正当利益，代表A公司上海分公司给予上海第二医科大学原副校长庄某某等人现金、购物卡及房屋装修费等共计价值181.3万余元的行为，在提供的证据中只能证明这是杨某某的个人行为。

（2）单位行贿罪的构成在侦查、审查过程中要以单位这一主体身份出现，参与被侦查、审查的过程，本案中A公司没有作为一个嫌疑主体被侦查和审查，A公司也没有被告知其被侦查诉讼应当享有的各项权利。

本案侦查、审查起诉过程中，侦查部门、审查部门未依法通知A公司参加诉讼，严重剥夺了A公司应有的诉讼权利。侦查机关对A公司没有实施过任何侦查行为。本案的案卷（侦查、审查起诉部分）中，未见A公司自行或者委托辩护人对本案的罪与非罪、罪轻与否发表过任何意见以及进行过任何辩护。

依据《中华人民共和国刑事诉讼法》第十四条："人民法院、人民检察院和公安机关应当保障犯罪嫌疑人、被告人和其他诉讼参与人依法享有的辩护权和其他诉讼权利。"国家侦查机关和公诉机关把没有机关侦查审查的单位判为承担刑事责任是严重违反法定程序的。

（3）A公司对于杨某某的行贿行为，没有参与谋划，没有为其筹集或提供资金，没有事前委托或者默许，也没有事后追认。

因为该案侦查过程中，侦查机关没有将A公司作为犯罪嫌疑人进行侦查和审查，所以也不能证明A公司对杨某某的行贿行为，有参与并与之谋划，没有参与筹集、提供资金，没有委托或者默许其行为，事后更没有追认杨某某的行为。为了弥补侦查的漏洞，公诉机关回应认为："虽然A公司没有参与共谋，但对承包A公司上海分公司的杨某某负有法律上的责任（具体指监管方面的责任），因A公司存在这方面的监管过失，故应承担刑事责任。"这里提出了"监管过失"，首先单位行贿罪属于直接故意的犯罪，不属于间接故意的犯罪。即使在本案中A公司对于承包上海分公司的杨某某负有监管责任，也应该是工程建筑上、业务上的监管，而不是对于杨某某个人是否实施行贿犯罪方面的监管。杨某某个人实施行贿犯罪，不能视为A公司的监管过失。另外，即使A公司有该方面的监管职责而未能切实履行监管职责，基于A公司将上海分公司承包给杨某某，不可能"明知"杨某某即将进行行贿。故也不能将该种监管责任的缺失，归类为刑法意义上所言之"间接故意"（即明知自己的行为可能发生危害社会的结果，并且有意放任，以致发生这种结果的心理态度），更不能将之归类为刑法意义上所言之"直接故意"（即明知自己的行为会发生危害社会的结果，并且希望这种结果发生的心理态度)。上诉辩护人的辩护论点，具有法律本质的分析和事实的依据，是很精准的辩护意见。

从上述分析，我们可以感受到“单位行贿罪”罪名认定中，常常与个人行贿交织在一起，一些侦查机关及公诉机关，往往把侧重点放在个人主体身上进行证据的搜集和衔接，而忽视“单位”这个主体。

本案律师注重从单位主体出发，指出侦查机关、公诉机关严重违反程序漏洞。律师辩论案件中提出“A 公司不构成犯罪”的观点，最终得到无罪认定的结果。由此给我们的启示是，认定犯罪，最重要的是从犯罪的构成的四个方面分析及提供证据，不但要从实体上提供犯罪的事实，也要具有程序的合法性。

（点评人：孙丽华，广东石油化工学院文法学院教授）

行政案例

行政单位对违法行为处理的行政程序亦应当合法

——林某策诉某市公安局交通警察大队交通管理行政处罚一案

傅一容

一、当事人和代理律师的基本情况

原告：林某策
原告代理律师：傅一容，广东诚挚律师事务所律师
被告：某市公安局交通警察大队
被告法定代表人：何某，该大队大队长
被告委托代理人：龙某、林某，该大队副大队长

二、案情概况

（一）案由

管理行政处罚。

（二）基本案情

据原告林某策陈述以及证据显示，2016 年 9 月 2 日 11 时 10 分，原告林某策驾驶无号牌二轮摩托车由某市塘缀镇大洋村路口驶出，左转弯往平坦方向行驶时，与由平坦往塘缀高速口方向行驶的叶某驾驶的粤 G××号轿车发生碰撞，造成林某策、殷某受伤及两车损坏的交通事故。

事故发生后，被告某市公安局交通警察大队值班民警立即赶往现场勘查取证，拍摄现场照片一套、制作现场笔录一份、调取现场加油站监控。并向各方当事人询问了解情况、了解伤员伤

情。在对涉事的车辆检验后，于 2016 年 9 月 26 日作出事故责任认定；林某策对事故责任认定不服而向某市公安局交警支队提出复议申请，某市公安局交警支队于 2016 年 11 月 10 日对该事故责任认定复核认为：某市交警大队对该道路交通事故认定事实清楚、证据确实充分、调查程序合法、适用法律正确、责任划分准确。

被告某市公安局交通警察大队于 2016 年 11 月 17 日作出某公交决字〔2016〕第 440 × × 号公安交通管理行政处罚决定书，认定原告于 2016 年 9 月 2 日 11 时 10 分，在某市塘缀镇大洋村路口路段无证驾驶，属实施未取得驾驶证驾驶非汽车类机动车，转弯的机动车未让直行的车辆先行的违法行为（代码 1005A，1313）。根据《中华人民共和国道路交通安全法》第九十九条第一款第一项、第二款，《广东省道路交通安全条例》，《中华人民共和国道路交通安全法》第九十条的规定，决定对林某策罚款 1 100 元。

由于本案交警大队的事故责任认定及交警支队的复核决定对原告在机动车交通事故人身损害赔偿纠纷中具有不利影响，但事故认定的行为系不可诉的行为，原告需要依法搜集证据及交警在处理本案存在的问题在另案民事诉讼中对该事故认定予以反驳，因此，原告林某策以不服上述行政处罚为由，依法向某市经济技术开发区人民法院提起行政诉讼，请求判令撤销某市公安局交通警察大队作出的某公交决字〔2016〕第 440 × × 号公安交通管理行政处罚决定，并通过该行政诉讼依法获得本案的相应处警证据。

庭前，依据《中华人民共和国行政诉讼法》第三十四条“被告对作出的行政行为负有举证责任，应当提供作出该行政行为的证据和所依据的规范性文件”的规定，被告某市公安局交通警察大队在举证期间提供证据如下。

证据 1：林某策询问笔录，证明交通事故发生后，交警询问过原告林某策事故发生的过程；

证据 2：殷某询问笔录，证明交通事故发生后，交警询问过乘车人殷某事故发生的过程；

证据3：林某策、殷某的医院诊断证明书，证明本案当事人的伤情，其中原告受伤程度较轻；

证据4：道路交通事故认定书，证明事故中各方当事人的责任认定，依据《中华人民共和国道路交通安全法》第十九条（取得驾驶证驾驶机动车）以及《中华人民共和国道路交通安全法实施条例》第五十二条（转弯机动车让直行车先行）认定林某策负主要责任，依据《中华人民共和国道路交通安全法》第二十条认定肇事轿车司机叶某负次要责任；

证据5：某市公安局交警支队复核结论，证明维持某市交警大队的责任认定；

证据6：机动车驾驶人林某策的驾驶查询，证明林某策无证驾驶；

证据7：《广东省道路交通安全条例》，证明原告林某策对法律的认知缺乏；

证据8：道路交通安全违法行为代码及处罚标准，证明处罚的依据；

证据9：加油站监控视频，证明还原事故的过程；

证据10：道路交通事故案卷，证明整个案件的流程。

举证期限内，原告依法向人民法院申请证人林某策出庭作证，并向法庭提交了事故现场照片、本案乘车人殷某的证言作为证据，同时对事故成因提出司法鉴定申请。

（三）案件审理经过

该案在2017年1月立案并受理，2017年4月公开开庭审理，2017年4月18日作出一审判决，2017年5月送达原告。

三、争议焦点和分歧

（1）被告认定原告违法事实是否清楚。

（2）被告对原告违法行为处理程序是否合法。

（3）被告对原告违法行为处理适用法律是否正确。

四、律师代理意见和各方观点

（一）原告的意见

（1）本案行政处罚认定事实不清，原告不是造成本次交通事故的主要原因。

①在事故发生时，原告完全按照行车规定行驶，林某策不仅在横穿马路时停车检查来回车辆，同时驾驶速度较慢，已经尽到了安全审慎义务。

②真实的碰撞情况系轿车主动碰撞原告所驾驶的摩托车，轿车自高坡下坡行驶，处在下坡处的视觉盲区，其下坡兼过路口时没有依法减速，并且其是在道路对向车道处（即逆行车道）撞击到原告林某策，属于轿车单方撞击行为。

③本案直接责任人叶某的违法事实认定错误，被告在案件处理过程中法定程序行为不足，偏袒肇事方。

证据显示，被告某市公安局交通警察大队在处理本案过程中，没有检测双方驾驶人员的血液酒精含量；也没有检测汽车的撞击点为轿车前部侧面撞击二轮摩托车后部这一事实，而该事实足以构成轿车追尾情形；也没有载明小轿车当时行车过程中的时速及该事故路段的最高时速，因此该事故认定书直接回避了被告超速是造成本次事故的主要原因及事实，对此，足可以认定被告作出行政处罚行为的事实认定不清。

（2）本案行政处罚处理过程中适用的法律错误。本案事故责任认定书划分责任时，依据的法律条文系错误的，其依据《中华人民共和国道路交通安全法》第二十条认定肇事轿车司机叶某负次要责任，但是该法律条文内容为："机动车的驾驶培训实行社会化，由交通主管部门对驾驶培训学校、驾驶培训班实行资格管理，其中专门的拖拉机驾驶培训学校、驾驶培训班由农业（农业机械）主管部门实行资格管理。驾驶培训学校、驾驶培训班应当严格按照国家有关规定，对学员进行道路交通安全法律、法规、驾驶技能的培训，确保培训质量。任何国家机关以及驾驶培训和考试主管部门不得举办或者参与举办驾驶培训学校、驾驶培训班。”该法律条文主要明确的是驾校的成立及经营规则，不属于任何用于认定责任或据以处罚的法律条文，交警大队在处理本案的事故认定时明显适用法律错误，据以错误的法律适用行为作出的行政处罚必然也是错误的。

（3）本案行政处罚处理过程的程序错误。

①本案属于两人当场受伤住院的严重交通事故案件，但是交警大队处警时没有依法对肇事司机血样进行检查，也没有对车速进行鉴定，更没有对事故成因进行鉴定。

②交警大队仅在原告林某策及另一伤者乘车人殷某事故昏迷苏醒后，做了简单的询问笔录，没有依法对肇事司机进行询问即简单作出对原告不利的事故认定。

③交警大队对原告林某策作出行政处罚，没有通知原告，相关单据也没有列明作出行政处罚的事实、原因、理由和法律依据（条文）。被告交警大队的行为违反了《中华人民共和国行政处罚法》第三十条“公民、法人或者其他组织违反行政管理秩序的行为，依法应当给予行政处罚的，行政机关必须查明事实；违法事实不清的，不得给予行政处罚”及第三十一条“行政机关在作出行政处罚决定之前，应当告知当事人作出行政处罚决定的事实、理由及依据，并告知当事人依法享有的权利”的相关规定。

综上，原告认为，被告对本案的事实认定不清，证据不足，适用法律错误，行政处罚程序错误，应当对本案行政处罚的错误行为予以纠正，并撤销相应行政处罚。

（二）被告的意见

（1）交警大队作出某公交决字〔2016〕第440××号《公安交通管理行政处罚决定书》的事实清楚，证据确凿、充分，程序合法，适用法规准确，裁量适当。

（2）关于林某策行政起诉状提出问题的意见。

①交警大队对该事故作出的责任认定事实清楚、证据确实充分、调查程序合法、适用法律正确、责任划分准确。

②本案行政处理适用法律均是在事实的基础上处罚的。

③交警大队作出行政处罚的适用法律正确。

五、代理结果和理由

某市经济技术开发区人民法院一审判决撤销被告某市公安局交通警察大队作出的某公交决字〔2016〕第440××号公安交通管理行政处罚决定，某市公安局交通警察大队不上诉，本案一审生效。

某市经济技术开发区人民法院认为，被告某市公安局交通警察大队在依法处理本案时存在的适用法律错误问题，依法予以纠正。对于原告提出的交通事故成因鉴定问题，由于距本案事故发生时间较长，事故现场无法还原，且交警大队即是法律规定的事故认定单位，对于成因鉴定予以驳回。根据《道路交通安全违法行为处理程序规定》第四十六条适用一般程序作出处罚决定，应当由两名以上交通警察按照下列程序实施：

（1）对违法事实进行调查，询问当事人违法行为的基本情况，并制作笔录；当事人拒绝接受询问、签名或者盖章的，交通警察应当在询问笔录上注明。

（2）采用书面形式或者笔录形式告知当事人拟作出的行政处罚的事实、理由及依据，并告知其依法享有的权利。

（3）对当事人的陈述、申辩进行复核，复核结果应当在笔录中注明。

（4）制作行政处罚决定书。

（5）行政处罚决定书应当由被处罚人签名，并加盖公安机关交通管理部门印章；被处罚人拒绝签名的，交通警察应当在处罚决定书上注明。

（6）行政处罚决定书应当当场交付被处罚人；被处罚人拒收的，由交通警察在处罚决定书上注明，即为送达；被处罚人不在场的，应当依照《公安机关办理行政案件程序规定》的有关规定送达。

在本案中被告没有采用书面形式或者笔录形式告知原告拟作出的行政处罚的事实、理由及依据，并告知其依法享有的权利，因此，属于违反法定程序。代理人的代理意见合议庭予以采纳，据此法院依法作出撤销行政处罚的决定。

六、办案小结

如上文所述，笔者代理该案，系由于在机动车交通事故人身损害赔偿纠纷案件中，普遍采用的证据依据——交通事故责任认定书本身具有不可诉性。根据《最高人民法院、公安部关于处理道路交通事故案件有关问题的通知》第四条的规定“……当事人对作出的行政处罚不服提起行政诉讼或就损害赔偿问题提起民事诉讼的，以及人民法院审理交通肇事刑事案件时，人民法院经审查认为公安机关所作出的责任认定、伤残评定确属不妥，则不予采信，以人民法院审理认定的案件事实作为定案的依据”，同时可以请求法院在诉讼中重新认定相应责任。但是需要由当事人举证的证据，恰恰只掌握在行政机关之手。本案的初衷，系通过行政诉讼，依法要求行政机关提供本案案卷以另案使用。

然而，笔者总结过类似的案件经验：一个与事实存在不符或争议的行政认定，必然存在与之相对应的错误的行政行为。在代理本案过程中，通过本案被告某市公安局交通警察大队提供的案件资料，可以较为明显地发现，行政部门在作出一个行政行为时，所遵循的程序存在诸多不完善的问题。该案在庭审过程中，办案民警也确实反映出日常工作中的程序欠缺问题。在处理行政案件中，代理人往往可以从三方面入手：

（1）行政机关处理行政事务的程序是否合法。这方面的法律通常为该赋予行政机关职权的法律，例如本案中，交警处理交通案件，通常依据《中华人民共和国道路交通安全法》等相关法律。

（2）行政机关履行行政执法权的行为是否合法。这方面的法律通常为明确行政行为的法律，如《中华人民共和国行政处罚法》《中华人民共和国行政强制法》等，例如本案中，处警的交警是否满足两人以上，是否出示执法证件，是否制作书面笔录并如实记录等。

（3）行政机关对于行政事务作出的具体行政行为的程序是否合法。通常，行政机关作出行政处罚的情形，事实上都是违法事实清楚、相应处理程序也是相对合法的（可以补正），但是很多行政机关忘记在对待行政相对人作出行政行为时，程序也必须合法。例如本案中，行政机关应当书面告知行政处罚适用法律的内容，并告知其是否依法拥有申辩、听证、复议或起诉的权利。

一审法院在审理行政诉讼上，在程序及实体两方面进行审理，尤其在程序方面，对行政部门依法提出了更加严格的要求，处理对部分（可能确实不会影响处理结果）实体进行纠正的同时，以程序合法作为具体行政行为，尤其是行政处罚的红线。该审理诠释了行政机关“法无明文规定即禁止”的工作原则，也系切实维护了行政司法的公正，维护行政相对人相对弱势一方的权利，也发挥了对行政部门依法行政的促进作用。

本案生效后，该交警大队启用了全新的符合法定程序的工作方法。该案之后，笔者在陆续的几个案件中接触到该交警大队，发现其在处警程序方面较之前完善了许多。在笔者看来，行政诉讼并不是为违法者进行开脱，而是在为当事人争取公正审判的合法权利的同时，促进相应行政机关依法行政的一种方式。而维护行政行为公平、公开、公正的根本方法，即程序合法。

【专家点评】

本案是一起典型的因当事人不服行政机关作出的行政处罚决定而引起的行政诉讼案件。案件的被告行政机关在进行行政处罚过程中，因没有遵循法定的程序，最终被人民法院处以“违反法定程序，依法撤销行政处罚决定”的判决。通过研读案情及判决书，有以下几点启示：

1. 尊重和保障公民基本权利是履行行政管理职权的行政机关必须遵守的法定义务

中国特色社会主义制度优越性的一个重要体现是，宪法和法律确认并保障最大多数人享有广泛且真实的权利和自由。2004 年我国已明确将“国家尊重和保障人权”写入宪法修正案，自此，每个公民享有来自国家的对其基本人权的保障的权利有了根本法上的依据。程序性的权利，如参与国家事务管理权、在受到指控或其他不利对待时陈述申辩权等，都是属于公认的人权范畴。作为“活的宪法”，行政法部门的相关单行法律法规明确具体化了此类基本权利，典型的如《行政处罚法》对行政机关实施行政处罚的程序作了相应规定。理论上，行政法上对此类行政程序的规定既是行政机关实施行政处罚时必须遵守的法定程序，规范了行政权的行使，也是相对人的一种程序性权利，以规范约束强大的行政管理权力，同时，有利于推进行政管理法治化。《行政处罚法》第三十二条第一款、第三十六条至第四十一条等条款均明确规定了行政处罚机关实施行政处罚时须遵守的程序，明确规定了如果行政处罚未遵循相关程序，“行政处罚决定不能成立”。这一套明确的行政处罚操作手续既是行政机关正确、及时、有效实施行政处罚的必要条件，也是行政机关保障相对人程序性权利的法定义务。

2. 违反法定程序的行政行为可能被人民法院依法撤销

现代法治的核心要义是要防范公权力不能为恶，其次才是管理教育引导私主体。行政机关在履行行政管理职权过程中，其行为的合法性与否，与相对人行为是否合法没有必然联系，也不得因相对人行为违法而降低或减免行政执法机关行为合法性上的义务。我国传统上普遍存在重实体轻程序的风气，似乎只要是为了打击或制止违法行为，公权力机关可以在程序上采取所谓“法外手段”，这显然与现代法治精神不符，也严重影响了中国整体现代法治化的进程。改革开放以来，特别是党的十八大以来，党中央提出全面推进依法治国，对《行政诉讼法》等重要的保障法治政府建设的法律进行了较大力度的修改，行政程序立法进入了新的阶段，“轻程序”的观念在一定程度上得到了扭转。《行政诉讼法》第七十条规定，“违反法定程序的”，人民法院判决撤销或者部分撤销相应行政行为。本案中，作为原告的行政相对人在所涉交通事故中虽有“无证驾驶机动车辆”等明显违法情节，但是，相对人的违法与否都不能成为行政机关可以违反法定程序进行行政处罚的理由，均不能降低对行政机关进行行政行为所需承担的合法性审查的标准。

3. 全面推进依法治国，首先要依法行政，建设法治政府

党的十八大以来，党中央提出全面推进依法治国，坚持“法治国家、法治政府、法治社会一体建设”，中国依法治国进入了一个全新的时代。依法治国“三位一体”建设中，法治政府往上是法治国家，向下为法治社会，法治政府建设明显处于承上启下的中心环节。这不仅是由行政权自身的性质决定的，中国传统就有“己不正不能正人”之说，政府作为最主要的执法者，理当率先垂范，作守法的模范。如果容许执法者可以违法执法，不仅使执法本身丧失权威性、公信力，也会使得执法的内容极易有失公正、公平，那么法治国家建设也就无从谈起。

（点评人：卢显洋，广东石油化工学院文法学院副教授）

员工未购买社保，发生工伤怎么办

——陈某诉A物流公司劳动争议案

陈　星　谢安凤

一、当事人和代理律师的基本情况

申请人、原告、上诉人：陈某

被申请人、被告、被上诉人：A物流公司（以下简称A公司）

委托诉讼代理人：陈星、谢安凤，广东诚挚律师事务所律师

二、案情概况

（一）案由

劳动争议。

（二）基本案情

陈某于2016年3月5日经朋友介绍进入A公司担任货物运输司机一职，试用期为三个月，双方未签订书面劳动合同，A公司未为陈某缴纳工伤保险费。陈某在A公司的工资并不固定，由保底工资4 000元加超过4 000元的按其实际计提的工资加各项加班补贴补助（根据运输路线的远近按20~60元/次计算）组成。

2016年4月9日，陈某按A公司安排正常出车，其驾驶属于A公司的粤K×××××号重型半挂牵引车于当晚22时30分途经高州市新垌新德路段时，由于与前车没有保持必要的安全距离，致使该车追尾碰撞前面的重型自卸货车，造成两车损坏、陈某受伤的交通事故。陈某于次日到高州市人民医院住院治疗，经诊断为：

①右下肢皮肤挫裂伤；

②右足第一趾跖关节脱位；

③右侧腓骨远端骨折；

④右侧第二跖骨远端骨折；

⑤右侧跟骨骨折；

⑥左侧内侧楔骨多发性骨折；

⑦左侧足踝部皮肤软组织挫伤；

⑧左足底神经损伤。

陈某住院治疗 37 天，至 2016 年 5 月 17 日好转出院。在出院《诊断证明书》上医嘱为：住院期间留陪护 2 人，出院后休息一年以上，避免双足部负重 3 个月以上，定期复诊，不适随诊。

在此期间，A 公司向陈某发放了 2016 年 3 月 5 日至 3 月 31 日的工资 9 129. 21 元，4 月的工资 4 000 元；同年 6 月至 10 月间共 5 个月，A 公司每个月各支付 2 000 元给陈某。陈某自受伤后一直未回 A 公司上班，A 公司自 2016 年 11 月起不再向陈某支付费用，陈某于 2016 年 12 月 7 日进入 G 物流公司担任司机的职务。

（三）案件审理经过

2017 年 3 月 20 日，茂名市茂南区劳动人事争议调解仲裁院作出茂南劳人仲案字〔2016〕×××号仲裁裁决书，确认陈某、A 公司之间存在事实劳动关系。2017 年 5 月 11 日，茂名市茂南区人力资源和社会保障局作出茂南人社工认字〔2017〕××号工伤认定决定，认定陈某在本次事故中受到的伤害为工伤。2017 年 6 月 20 日，茂名市劳动能力鉴定委员会对陈某的伤残等级进行评定，确定陈某残疾等级为九级，护理等级为无级。2017 年 12 月 14 日，茂名市劳动能力鉴定委员会确认陈某停工留薪期为 5 个月。

后陈某向茂名市茂南区劳动人事争议调解仲裁院申请工伤赔偿仲裁，该院于 2018 年 1 月 17 日作出茂南劳人仲案非终字〔2017〕×××号仲裁裁决书。陈某不服仲裁裁决，向茂南区人民法院提起诉讼，该院于 2018 年 6 月 21 日作出〔2018〕粤 0902 民初×××号民事判决书。陈某不服一审判决，向茂名市中级人民法院上诉，后经调解，该院于2018年12月29日作出〔2018〕粤09民终××××号民事裁定书，裁定：一、撤销茂南区人民法院〔2018〕粤0902民初××××号民事判决；二、准许陈某撤回起诉；三、准许陈某撤回上诉。笔者代理了本案的劳动仲裁、一审、二审阶段。

三、争议焦点和分歧

（1）陈某月工资是多少。

（2）陈某停工留薪期为多少。

（3）陈某诉请补交“五险一金”是否具有法律依据。

（4）陈某住院期间的伙食费、营养费、护理费及出院后的护理费如何计算。

四、律师代理意见和各方观点

（一）陈某的意见

（1）根据我国的《劳动法》及《工伤保险条例》的规定，九级伤残的工伤赔偿标准为一次性伤残补助金九个月本人工资，同时规定，工伤赔偿所指的本人工资，为工伤发生前12个月的平均工资，若工伤发生前所领工资不足12个月的，按实际所领工资平均值计算。陈某工伤发生前只有2016年3月5日到2016年4月8日共35天的工资13 129.21元（其中3月5日到31日工资9 129.21元，4月1日到8日工资为4 000元），按自然月平均30天计算，则陈某的月平均工资应为（9 129.21 + 4 000）÷35×30 = 11 253.6元。因此A公司应赔偿陈某一次性工伤医疗补助金2个月本人工资，一次性伤残就业补助金8个月本人工资，一次性伤残补助金9个月本人工资，此项共计11 253.6×(9 + 2 + 8) = 213 818.4元。

（2）2017年12月14日，茂名市劳动能力鉴定委员会确认了陈某的停工留薪期为5个月。按陈某月平均工资11 253.6元计算，应为11 253.6×5 = 56 268元。另，我国劳动法有明确规定，工伤恢复期间，企业不得解除与劳动者的劳动关系，应当为其安排薪酬相等的合适的工作岗位。但A公司为了逃避工伤赔偿责任，在陈某恢复期间，不但没有为陈某安排合适的岗位，反而单方面终止了与陈某的劳动关系，并拒不承认与陈某的劳动关系。因此，陈某请求法庭根据医嘱休息一年以上这个事实，判A公司在补发陈某5个月停工留薪工资的基础上，再赔偿陈某7个月的工资11 253.6×7＝78 775.2元，此项共计11 253.6×(5＋7)＝135 043.2元。

（3）根据相关规定，A公司为陈某补缴这期间的各项社会保险费用。

（4）陈某在住院期间，因为是双脚多发性骨折，只能长期躺在床上，生活完全不能自理，A公司并未为此提供陪护人员，而是一直由陈某的妻子和陈某的大哥两人对陈某进行照顾护理（有医院证明），因此陈某要求A公司对陈某住院期间（37天）所产生的费用作出赔偿。住院期间伙食费80元/日×37日×70%＝2 072元，营养费30元/日×37日＝1 110元，陪护费用150元/日×37日×2人＝11 100元，此项共计14 282元。在陈某出院后，因双脚3个月不能着地受力（有医嘱为据），生活无法自理，全由陈某妻子放弃自己的工作，在家对陈某进行照顾护理，这个工作本应由A公司提供人员来完成，因此陈某要求A公司赔偿陈某这3个月的护理费用共计200元/日×90日＝18 000元。由于A公司自2016年6月至2016年10月这5个月，每月给陈某发2 000元的生活补贴，共计10 000元。扣除A公司已经给的10 000元，最终陈某要求A公司赔偿陈某371 143.6元。

（二）A公司代理人的意见

A公司代理人认为陈某的请求不属实，理由无依据，金额计算错误。

（1）陈某月工资为3 304.17元。

按照A公司的规定，司机月保底工资为4 000元，即如按照计件提成及补贴的月工资达不到4 000元，将按照4 000元支付，如超过4 000元，按其实际计提的工资加各项加班补贴补助（根据运输线路的远近按照20～60元/次计算）等，陈某3月份共运输货物的收入为73 629.21元，按照计件工资的提成应为8 099.21元（73 629.21×11%＝8 099.21元），出车补贴1 030元，陈某2016年3月份工资收入（计件工资加上补贴、加班费等）共计9 129.21元（8 099.21＋1 030＝9 129.21元）。

陈某住院期间以及出院后均未到公司上班，A公司仍通过网上银行向陈某支付了2016年4月份工资4 000元、5月份工资2 000元、6月份工资2 000元、7月份工资2 000元、8月份工资2 000元、9月份工资2 000元。A公司向陈某支付了7个月的工资，共计23 129.21元，月平均工资应为3 304.17元。

退一万步讲，应参照《广东省2015年度人身损害赔偿计算标准》中道路运输业标准的年收入62 652元为陈某的年收入。陈某是大货车司机，属于道路运输业。陈某因其过错造成交通事故，依法应承担全部的责任。陈某出院后，未遵守A公司规定履行请假手续，严重违纪，且其单方与A公司解除劳动合同关系，到其他单位担任大货车司机。在陈某仅仅工作35日、未签订劳动合同、无上一年度工资收入作为参考的情况下，如果法院不采信A公司提出的陈某的月平均工资3 304.17元，代理人认为应参照陈某事故发生日《广东省2015年度人身损害赔偿计算标准》道路运输业标准的年收入62 652元为陈某的年收入，即月平均收入5 221元。

（2）陈某的停工留薪期为5个月。

根据《广东省工伤保险条例》第二十六条“停工留薪期根据医疗终结期确定，由劳动能力鉴定委员会确认，最长不超过二十四个月”之规定，陈某向茂名市劳动能力鉴定委员会申请对停工留薪期的确认，经茂名市劳动能力鉴定委员会确认，陈某的停工留薪期为5个月。而A公司已经通过网上银行于2016年5月15日支付陈某4 000元，后分别于6月15日、7月15日、8月15日、9月12日、10月19日支付2 000元工资，支付了其停工留薪期间6个月的工资共计14 000元，还多支付了一个月停工留薪工资2 000元。治疗终结后，A公司多次电话通知陈某上班，但陈某没有做出任何答复，并于12月7日到G物流公司担任大货车司机。因此，陈某要求A公司补发12个月的工资没有事实依据和法律依据。

（3）陈某诉请补交五险一金没有法律依据。

根据《中华人民共和国社会保险法》第六十三条“用人单位未按时足额缴纳社会保险费的，由社会保险费征收机构责令其限期缴纳或者补足”，可见用人单位、劳动者和社保机构就欠费等事项发生的争议，是征收与缴纳之间的纠纷，应由社保管理部门解决处理，不纳入人民法院受案范围，因此陈某诉请补交五险一金没有法律依据。

（4）根据《广东省工伤保险条例》第二十二条第二款“住院治疗期间的伙食费由用人单位按当地因公出差伙食补助标准支付百分之七十”、《茂名市直党政机关和事业单位差旅费管理办法》第二十条“出差每人每天发放伙食补助费为80元”，陈某住院期间的伙食费应为80元/日×37日×70%＝2 072元；陈某并未提供住院期间营养费的相应医嘱，其要求支付营养费的诉求无事实依据。

据《茂名市因工伤病职工伤残等级评定表》残疾等级评定结论：“护理等级为无级。”因此陈某申请A公司支付出院后3个月的护理费，无事实依据，依法不应予以支持。

五、代理结果和理由

茂名市茂南区劳动人事争议调解仲裁院认为，陈某在A公司工作了1个月5天，在工作期间领取了2016年3月一个自然月足月的工资9 129.21元，在职期间的平均工资应为9 129.21元；五险一金不属于劳动争议处理范围，应向社会保险行政部门或社会保险费征收机构寻求解决；因无相应医嘱，不予支持住院期间营养费；因护理等级为无级，不予支持出院后的护理费；并于2018年1月17日作出茂南劳人仲案非终字〔2017〕×××号仲裁裁决书，裁决：

（1）A 公司自本裁决书生效之日起五日内支付陈某一次性伤残补助金 82 162. 89 元、一次性工伤医疗补助金 18 258. 42 元、一次性伤残就业补助金 73 033. 68 元、住院期间伙食补助 2 072 元、护理费 9 250 元；扣减 A 公司已支付陈某的 10 000 元，以上合计 174 776. 99 元；

（2）驳回陈某的其他仲裁请求。

陈某不服仲裁裁决，向茂南区人民法院提起诉讼，该院认可了 A 公司代理人的大部分意见，认为关于陈某工资的认定，因陈某领取的是提成工资，工资具有不确定性，且陈某工作时间较短，其足额领取的只有一个月的工资，陈某受伤前 12 个月平均月缴费工资的确定依据不足，应以《广东省 2015 年度人身损害赔偿计算标准》中道路运输业在岗职工年平均工资 62 652 元的标准确定陈某的平均月缴费工资较为公平合理；关于停工留薪期的认定，应当以茂名市劳动能力鉴定委员会确定的 5 个月为准；庭审中陈某撤回了要求 A 公司补交五险一金的诉讼请求；陈某要求 A 公司支付住院期间营养费，因无相应医嘱，不予支持；在陈某出院时，医嘱为“出院后休息一年以上，避免双足部负重 3 个月以上”，该医嘱没有载明出院后仍需护理。避免双足负重，指的是减少活动，避免剧烈运动，不应理解为陈某出院后双脚不能着地，生活不能自理，且茂名市劳动能力鉴定委员会对陈某的伤残等级给予评定时，其护理等级已评为无级，不予支持陈某诉请的出院后的 3 个月的护理费。

茂南区人民法院于 2018 年 6 月 21 日作出〔2018〕粤 0902 民初×××号民事判决书，依照《中华人民共和国社会保险法》第三十六条、第四十一条第一款，《工伤保险条例》第三十七条、第六十二条第二款，《广东省工伤保险条例》第二十五条第二款、第二十六条第四款、第三十四条等法律法规，判决：

（1）A 公司支付一次性伤残补助金 46 989 元、一次性工伤医疗补助金 10 442 元、一次性伤残就业补助金 41 768 元给陈某；

（2）A 公司支付停工留薪期间的工资 26 105 元（5 221 元/月×5 个月）给陈某；

（3）A公司支付住院伙食补助费2 072元、护理费11 100元给陈某；

以上三项合计为138 476元，扣减A公司已支付的10 000元，所得余额为128 476元，限A公司于本案判决生效后十日内支付给陈某；

（4）驳回陈某的其他诉讼请求。

陈某不服一审判决，向茂名市中级人民法院上诉，在案件审理过程中，在笔者的建议与协调下，A公司与陈某达成和解，陈某向茂名市中级人民法院申请撤回起诉、上诉，茂名市中级人民法院于2018年12月29日作出〔2018〕粤09民终××××号民事裁定书，裁定：

（1）撤销茂南区人民法院〔2018〕粤0902民初×××号民事判决；

（2）准许陈某撤回起诉；

（3）准许陈某撤回上诉。

六、办案小结

笔者在办理本案过程中，主要有以下三方面的思考：

（一）用人单位应依法为劳动者购买社会保险

根据《中华人民共和国劳动法》第七十二条“社会保险基金按照保险类型确定资金来源，逐步实行社会统筹。用人单位和劳动者必须依法参加社会保险，缴纳社会保险费”，《工伤保险条例》第六十二条“依照本条例规定应当参加工伤保险而未参加工伤保险的用人单位职工发生工伤的，由该用人单位按照本条例规定的工伤保险待遇项目和标准支付费用”等法律之规定，社会保险是强制性保险，用人单位应依法为劳动者购买社会保险，尤其是高危行业，否则将会面临因劳动者工伤而赔付相关费用的风险。

（二）法无明文规定时，应综合考虑公平原则

本案最大的争议焦点是陈某的月工资如何计算。《工伤保险条例》第六十四条规定：“本条例所称本人工资，是指工伤职工

因工作遭受事故伤害或者患职业病前12个月平均月缴费工资。本人工资高于统筹地区职工平均工资300%的，按照统筹地区职工平均工资的300%计算；本人工资低于统筹地区职工平均工资60%的，按照统筹地区职工平均工资的60%计算。”本案中陈某的工作时间仅35日，仅领取了1个月的工资，没法计算12个月平均月缴费工资，若按照其领取的1个月工资9 129.21元作为其平均月缴费工资，明显是无事实依据与法律依据的。陈某的该月工资明显高于该公司其他司机的正常工作的工资，一个过高的工资根本无法综合反映平均工资水平，因此陈某的月工资应参照道路运输业在岗职工平均工资或者用人单位所在地的上年度职工月平均工资。一审法院采纳了A公司的代理人的意见，平衡了双方的利益，体现了公平原则。

（三）在化解社会矛盾中，律师充分发挥了专业优势

对于公司来说，职工告公司的现象是公司不愿意看到的，这种现象会在一定程度上影响公司职工的凝聚力、向心力，面对此类案件公司的主要目的是尽快化解职工与公司的矛盾与纠纷，本案中A公司也不例外。为了达到公司的目的，笔者多次代表A公司与陈某协商，陈某仍不同意，坚持提起仲裁、一审，上诉至二审法院。二审中，笔者仍不放弃，坚持向陈某进行普法，动之以情、晓之以理，终于“皇天不负有心人”，陈某认可了笔者的专业的法律意见，与A公司达成和解，主动向二审法院申请撤回起诉、上诉，减少了诉累，充分体现了律师在化解社会矛盾中的专业优势。

【专家点评】

此案是因在劳动过程中，劳动者发生意外事故导致工伤，而与用人单位之间发生的劳动纠纷案件。分析此案，有如下几个问题值得关注：

在国家整个法律体系越来越完善的今天，民众的法律意识也随之得到了很大的提升。因此，作为劳动关系的一方当事人——

用人单位也应自觉遵守法律规定，规范管理制度，在法律的框架下去追求经济效益的最大化。否则，一旦出现案例中的情况，反而得不偿失，最终使自身利益和信誉都受到损害。

本案经历了劳动仲裁和法院诉讼的一审、二审，历时一年零三个月，最终在法院和律师的共同努力下调解结案。由此可见维权的时间成本和人工成本都是巨大的，因此也建议纠纷的当事人在遇到相应纠纷时都能够冷静处理，并且多站在对方的立场去考虑问题，力争能够通过协商处理的方式解决纷争。2008 年 5 月 1 日实施的《劳动争议调解仲裁法》第九条规定：用人单位违反国家规定，拖欠或者未足额支付劳动报酬，或者拖欠工伤医疗费、经济补偿或者赔偿金的，劳动者可以向劳动行政部门投诉，劳动行政部门应当依法处理。同时，发生劳动争议也可以向相关调解组织申请调解。因此，当事人也可以根据自身情况选择多种途径来解决纷争，缓解一定的诉讼压力和避免诉累。

另外，本案中律师的做法也是值得称道的，即使已经到了二审阶段，也没有放弃促使双方和解的努力，充分体现了既追求法律的公平正义，又以人为本的办案理念。这不仅解决了纷争，还能够使双方当事人从敌对的情绪中解脱出来，对维护社会的和谐稳定也具有一定的意义。

（点评人：侯巍巍，广东石油化工学院文法学院讲师）

劳动关系、劳务外包及劳务派遣三者关系之辨析

——上诉人李某与被上诉人ZG电信股份有限公司某分公司、某人力资源有限公司、某人才服务有限公司某分公司劳动争议案

陈雪丹

一、当事人和代理律师的基本情况

上诉人（原审原告）：李某

被上诉人（原审被告）：ZG电信股份有限公司某分公司（以下简称电信公司）

被上诉人（原审被告）：某人力资源有限公司（以下简称人力资源公司）

代理律师：陈雪丹，广东诚挚律师事务所律师

被上诉人（原审被告）：某人才服务有限公司某分公司（以下简称人才公司）

二、案情概况

（一）案由

劳动争议。

（二）基本案情

李某于2006年2月起是人力资源公司招聘的临时员工，没有签订劳动合同，工资由人力资源公司支付。2007年12月1日、2009年1月1日和2011年1月1日，李某与人力资源公司签订三份劳动合同，期限分别为2007年12月1日至2008年12月31日、

2009年1月1日至2010年12月31日和2011年1月1日至2012年12月31日，工资由人力资源公司支付。2012年12月31日合同到期后，李某与人力资源公司虽没有续签合同，但一直为人力资源公司工作至2015年1月，李某工作期间的工资已经由人力资源公司支付。2015年2月1日李某与人才公司签订了劳动合同，期限为2015年2月1日至2017年1月31日，工资由人才公司支付。在此期间，人力资源公司、人才公司均为李某办理了社保及住房公积金手续，缴纳了社会保险费及住房公积金。由于电信公司将资源清查、数据录入及网络维护等业务外包给了人力资源公司、人才公司，故人力资源公司、人才公司为了履行合同约定的义务，安排李某等员工替电信公司从事资源清查、数据录入及网络维护等业务工作。2016年8月5日，人力资源公司与李某签订了《终止劳动合同证明书》，确认双方已于2015年2月1日解除劳动关系。同日人才公司与李某签订了《解除劳动合同证明书》，确认双方已于2016年8月5日解除劳动关系。李某在上述两份证明书上均签字确认。人才公司于2016年8月5日向李某出具一份《经济补偿金确认表》，李某在表上签名确认，人才公司于同日向李某支付经济补偿金18 319.2元及一个月代通知金1 744.69元，合计20 063.9元。

李某于2017年6月2日向某市某区劳动人事争议调解仲裁院提出仲裁申请，某市某区劳动人事争议调解仲裁院于2017年7月26日作出茂南劳人仲案非终字〔2017〕×××号仲裁裁决书，裁决驳回李某的所有仲裁请求。李某对裁决不服，诉至一审法院。

一审法院认为，李某与人力资源公司、人才公司已签订书面劳动合同，并由人力资源公司、人才公司支付李某劳动报酬，故李某与人力资源公司、人才公司之间存在劳动合同关系。根据电信公司与人力资源公司、人才公司签订的资源清查、数据录入业务外包项目技术服务合同、网络维护等业务外包项目服务合同，电信公司委托人力资源公司、人才公司就资源清查、数据录入外包项目及网络维护等业务外包项目提供技术服务并已向人力资源公司、人才公司支付相应合同价款，因此电信公司要求人力资源公司、人才公司履行的是合同约定的义务。至于李某主张在2006年至2007年间其一直都是在电信公司工作，2008年至2015年1月由人力资源公司派遣到电信公司工作，2015年2月至2016年8月4日由人才公司派遣到电信公司工作，但未能提供相应的证据证明其所陈述的事实，故不能据此认定李某与电信公司存在劳动关系或电信公司与人力资源公司、人才公司存在劳务派遣关系。对于李某认为人力资源公司、人才公司与电信公司存在劳务派遣用工关系，电信公司系实际用人单位的主张，一审法院不予采信。对于李某要求电信公司支付2006年至2007年间被克扣的工资、年终奖的诉讼请求，一审法院予以驳回。另李某要求电信公司对在2008年至2016年8月间被克扣的工资及经济补偿金等各种薪资福利的范围内承担连带支付责任的诉讼请求，依据不足，一审法院不予支持。

关于仲裁时效问题，李某向某市某区劳动人事争议调解仲裁院提起劳动仲裁，某市某区劳动人事争议调解仲裁院以仲裁申请人力资源公司同工同酬支付其2008年至2015年1月间的工资事项已超过仲裁时效为由作出了茂南劳人仲案非终字〔2017〕×××号仲裁裁决书，驳回李某的仲裁请求，李某未能提交有效证据证明仲裁时效中断、中止。根据《最高人民法院关于审理劳动争议案件适用法律若干问题的解释》第三条“当事人的仲裁申请超过仲裁期限，仲裁委员会作出不予受理决定，当事人不服提起诉讼，对确已超过仲裁申请期限，又无不可抗力或其他正当理由的，依法驳回诉讼请求”的规定，李某要求人力资源公司支付克扣的工资、年终奖的诉讼请求也不能成立，一审法院予以驳回。

根据《中华人民共和国劳动合同法》第十条、第十四条第二款第三项、第八十二条第二款的规定，李某与人力资源公司在2007年12月至2012年12月间签订了三份固定期限劳动合同，双方连续订立二次以上固定期限劳动合同，且在第三份劳动合同期限届满后，李某没有提出订立固定期限劳动合同，但一直为人力资源公司工作至2015年1月，则应视为李某与人力资源公司自2013年1月起便订立无固定期限劳动合同。而建立劳动关系，应当订立书面劳动合同，但李某与人力资源公司自2013年1月起未订立书面的无固定期限劳动合同，故人力资源公司应当支付李某2013年1月至2015年1月间的未签订劳动合同二倍工资差额。又根据《中华人民共和国劳动争议调解仲裁法》第二十七条的规定，仲裁时效为一年，仲裁时效期间从当事人知道或者应当知道其权利被侵害之日起计算。因此，李某请求人力资源公司支付2013年至2015年1月的未签订劳动合同二倍工资差额已过仲裁时效，一审法院亦不予支持。

李某不服一审判决，向二审法院提起上诉请求：撤销一审判决及某市某区劳动人事争议调解仲裁院作出的茂南劳人仲案非终字〔2017〕×××号仲裁裁决，作如下改判：

（1）判令电信公司赔偿李某在2006年至2007年间被克扣、拖欠的工资、年终奖共计79 224元。

（2）判令人力资源公司和电信公司赔偿李某在2008年至2015年1月间被克扣、拖欠的工资、年终奖共计970 929.77元。

（3）判令电信公司赔偿李某在2013年至2015年1月间未与李某签订书面劳动合同并按劳动合同法第八十二条规定每月支付李某二倍工资，从2013年至2015年1月止共计370 829.03元。

（4）判令人才公司和电信公司赔偿李某在2015年2月至2016年8月间被克扣、拖欠的工资共计406 360.94元。

（5）判令人才公司违规解除劳动合同，应按劳动合同法第八十七条规定赔偿李某二倍经济补偿金89 250元加上一个月代通知金8 500元共计97 750元。

（6）以上五项是税后工资未含五险一金（即社会保险费和住房公积金）。判令电信公司、人力资源公司、人才公司按照李某税前的真实工资，计算赔偿李某自2006年起至2016年8月止的五险一金。因员工的税收是由公司每年上报到地税局的，员工的税前工资是多少只有公司知道，李某不知道税前工资是多少，所以暂时没有办法计出李某在2006年至2016年8月间的五险一金的总额。

（7）本案的一审、二审诉讼费用由电信公司、人力资源公司、人才公司承担。

（三）案件审理经过

本案由某中级人民法院于2018年1月受理，2018年4月开庭受理，于2018年6月作出二审判决。

三、争议焦点和分歧

（1）李某与电信公司是否存在劳动关系，李某要求电信公司支付有关年份被克扣、拖欠的工资、年终奖、经济补偿金、二倍工资的诉讼请求是否应予支持。

（2）李某要求人力资源公司支付克扣的工资、年终奖、二倍工资的诉讼请求是否应予支持。

（3）李某要求人才公司支付其在2015年2月至2016年8月间被克扣、拖欠的工资、经济补偿金、代通知金的诉讼请求是否应予支持。

（4）李某要求电信公司、人力资源公司、人才公司支付五险一金（社会保险费和住房公积金）的诉讼请求是否应予支持。

四、律师代理意见和各方观点

（一）被上诉人（原审被告）人力资源公司代理人的意见

（1）人力资源公司无任何违法违规行为，且与李某双方因合同期限届满而终止劳动关系。人力资源公司是一家依法成立的劳动服务公司，具有提供劳动就业服务主体资格。2005年，人力资源公司与电信公司签订《资源清查协议》，负责资源清查的外勘、录入及抽查核对等外包业务。2007年至2015年间，人力资源公司与电信公司签订《末梢电信业务外包服务协议》《网络运营类业务外包服务协议书》《网络运营类业务外包合同》，负责资源清查、数据录入及高山镇机房网络维护外包业务。2006年2月至2007年11月间，李某是人力资源公司雇请的临时工，负责处理资源清查、线路数据录入维护等工作。自2007年12月1日起人力资源公司与李某签订《劳动合同书》，建立劳动关系。2015年

2月1日，李某与人才公司签订《劳动合同》，建立了劳动关系。同日，李某与人力资源公司签订《终止劳动合同证明书》，双方一致同意在2015年2月1日终止劳动关系。《终止劳动合同证明书》系人力资源公司的真实意思表示，不违反法律、行政法规的强制性规定，合法有效。

（2）李某主张2008年至2015年1月间被克扣、拖欠的工资、年终奖的诉讼请求是无事实和法律依据的，且已过仲裁时效。

事实上，人力资源公司已按劳动合同约定全额支付李某薪资福利奖金等，不存在克扣等情形。2006年2月至2007年11月间，李某是人力资源公司雇请的临时工，负责处理资源清查、线路数据录入维护等工作，工资费用按出勤天数核发。2007年12月1日至2015年1月间，李某与人力资源公司连续签订三份劳动合同，明确其工作岗位、工作内容，每月工资均根据人力资源公司与电信公司签订的业务外包协议中对外包岗位、外包期限、电信业务外包员工分级及薪酬福利、电信业务外包员工年度绩效考核和社会保险费等约定依约核算发放，李某对此一直没有提出异议。

程序上，李某有关支付拖欠的工资、半年奖、年终奖、各种节日福利奖金、员工福利奖金等事项的请求已超过1年的仲裁时效。《中华人民共和国劳动争议调解仲裁法》第二十七条规定："劳动争议申请仲裁的时效期间为一年。仲裁时效期间从当事人知道或者应当知道其权利被侵害之日起计算。"李某于2015年2月1日与人才公司签订劳动合同，建立劳动关系，也即说，李某与人力资源公司的劳动关系于当日终止，可以推定李某在当日应当知道其权利受侵害。故李某最迟应于2016年2月1日申请劳动仲裁，但李某到2017年6月2日才主张权利，显然李某请求人力资源公司支付其在2006年至2015年1月间的被克扣、拖欠的工资、半年奖、年终奖、各种节日福利奖金、员工福利奖金等已经超过1年的仲裁时效。

（3）李某上诉主张的2008年至2015年1月间的社会保险费、住房公积金不属于劳动争议受案范围。

①补缴社会保险不属于劳动争议受案范围。社会保险的征缴应属于行政机关的行政职责，由此引发的争议应属于行政争议而非劳动争议，不应纳入劳动争议的受案范围，而应该由劳动保险行政部门（社会保险经办机构）、税务机关行使行政职权强制追缴。本案中，人力资源公司也已依法为李某办理参保手续缴纳社会保险费，不存在克扣李某 2008 年至 2015 年 1 月间的社会保险费的情况。

②补缴住房公积金不属于劳动争议受案范围。《住房公积金管理条例》第三十七条规定：“违反本条例的规定，单位不办理住房公积金缴存登记或者不为本单位职工办理住房公积金账户设立手续的，由住房公积金管理中心责令限期办理；逾期不办理的，处 1 万元以上 5 万元以下的罚款。”第三十八条规定：“违反本条例的规定，单位逾期不缴或者少缴住房公积金的，由住房公积金管理中心责令限期缴存；逾期仍不缴存的，可以申请人民法院强制执行。”由此可见，劳动者与用人单位因缴存住房公积金发生的争议，应当由住房公积金管理中心负责处理。因此，劳动者与用人单位因缴存住房公积金发生的争议，不属于劳动争议。

（二）上诉人（原审原告）李某的意见

（1）一审判决认定电信公司、人力资源公司、人才公司之间签订的资源清查、数据录入业务外包项目技术服务合同、网络维护等业务外包项目服务的合同真实合法，是错误的。李某与电信公司、人力资源公司、人才公司之间是劳务派遣用工关系。

（2）李某提交的证据材料已足以证实电信公司、人力资源公司、人才公司克扣、拖欠李某工资、经济补偿金的事实。

（3）根据《中华人民共和国劳动争议调解仲裁法》第二十七条第四款的规定，李某的劳动争议仲裁申请未超过劳动争议仲裁时效 1 年。

（三）被上诉人（原审被告）电信公司某分公司的意见

（1）电信公司与李某不存在劳动关系也不存在劳务派遣关系，李某不是电信公司的聘用人员，李某向电信公司提出的诉讼请求，没有任何事实和法律依据。

（2）李某所得的劳动报酬不是由电信公司支付的，其在工作期间是否存在被克扣、拖欠薪酬的情况，电信公司不得而知，且与电信公司没有任何关联性，李某亦未能提供有效证据证明。

（3）李某的第一、二、三项诉讼请求均超过仲裁时效。

（4）李某请求补缴社会保险、住房公积金不属于劳动争议民事案件受理范围。

（四）被上诉人（原审被告）人才公司的意见

（1）自李某入职人才公司以来，人才公司已按相关约定、规定足额发放工资及为李某缴纳社会保险费和缴存住房公积金等，李某的诉讼请求不成立。

（2）人才公司已按劳动合同法的规定足额向李某支付了经济补偿金，不存在违规解除合同问题。

五、代理结果和理由

某中级人民法院驳回李某上诉，维持原判。

某中级人民法院认为：

（1）本案中，从李某在一审时提供的其与人力资源公司签订的《劳动合同书》《劳动合同》《终止劳动合同证明书》，其与人才公司签订的《劳动合同》《解除劳动合同证明书》，以及《个人参加社会保险证明表》等证据的内容来看，与李某建立劳动关系的用人单位分别为人力资源公司和人才公司，这两家公司按合同约定须向李某支付劳动报酬，为李某办理社会保险手续，提供劳动保护的均是人力资源公司和人才公司，且上述合同中并未载有劳务派遣的内容。因电信公司与李某不存在劳动关系，电信公司并无义务向李某支付工资、年终奖、经济补偿金、二倍工资。

（2）根据《中华人民共和国劳动争议调解仲裁法》第二十七条第一款“劳动争议申请仲裁的时效期间为一年。仲裁时效期间从当事人知道或者应当知道其权利被侵害之日起计算”的规定，本案中，若李某因其与人力资源公司之间的劳动争议需要申请劳动仲裁，应在2016年2月2日前提起，但其直到2017年6月2日才向某市某区劳动人事争议调解仲裁院申请劳动仲裁主张权利且未能提交充分有效证据证实仲裁时效中止或者中断。根据《最高人民法院关于审理劳动争议案件适用法律若干问题的解释》第三条“当事人的仲裁申请超过仲裁期限，仲裁委员会作出不予受理决定，当事人不服提起诉讼，对确已超过仲裁申请期限，又无不可抗力或其他正当理由的，依法驳回诉讼请求”的规定，一审判决驳回李某要求人力资源公司支付克扣的工资、年终奖及二倍工资的诉讼请求并无不当。

（3）人才公司提供其与李某双方签订的《劳动合同》《李某部门人员入职以来的工资表》以及《关于印发〈电信业务外包从业人员分级管理办法（暂行）〉的通知》《关于印发〈某人才服务有限公司某分公司电信业务外包员工薪酬及福利管理暂行办法〉等四个制度办法的通知》等证据，拟证明李某在工作期间不存在同工不同酬及被克扣、拖欠工资的情况，且人才公司也已依约依规足额向李某发放工资。对此，虽然李某有异议，但其并未否定双方签订的劳动合同的真实性，也未能提供充分证据证明其在工作期间存在同工不同酬的情形，应由其承担举证不能的不利后果。此外，李某和人才公司签名和盖章的《解除劳动合同证明书》《经济补偿金确认表》在案证实，应予认定。故李某主张人才公司克扣、拖欠其在2015年2月至2016年8月间的工资，欠缺依据，对其该主张，本院不予采纳。

（4）根据《中华人民共和国社会保险法》第六十三条和《住房公积金管理条例》第三十七条的规定，责令用人单位补缴社会保险费和限期缴存住房公积金均是政府有关职能部门行政管理的范畴，不属于人民法院受理劳动争议案件的范围，李某可向社会保险行政部门或社会保险费征收机构以及住房公积金管理中心寻求解决。据此，一审判决不予支持李某要求电信公司、人力资源公司、人才公司支付五险一金（社会保险费和住房公积金）的诉讼请求，处理正确，本院予以维持。

六、办案小结

本案表面上是劳动者向用人单位诉求拖欠的工资、年终奖、经济补偿金、二倍工资等以及要求用人单位为其补缴社会保险费和限期缴存住房公积金的案件，实质上它涉及劳动关系、劳务外包以及劳务派遣三者关系之辨析。目前，企业广泛地采用劳务外包与劳务派遣这两种用工形式，一方面满足用工的需求和便利；另一方面由于涉及用工单位、派遣单位（外包单位）及劳动者三方主体，其法律关系较为复杂，实践中容易产生混淆。劳动者在履职过程中一旦发生劳动争议，责任主体的司法认定就会成为该类案件的难点问题。为保证企业利益，减少企业法律风险承担，企业需从调整自身管理方式出发，完善用工制度、防控用工风险。

【专家点评】

本案是一起劳动者个人主张的劳动争议纠纷案件。

1. 案件涉及的几个有关法学概念的澄清

本案的案情并不复杂，首先，所涉及的问题中有若干法学概念需要明晰。

一是劳动关系与劳务派遣。劳动关系，是指劳动者与用人单位之间依法签订劳动合同，受劳动法调整的，在劳动者运用劳动能力、实现劳动过程中，劳动者与用人单位（劳动使用者）之间的法律关系。劳动关系中劳动者接受用人单位的管理，从事用人单位安排的工作，成为用人单位的成员，有权从用人单位领取劳动报酬和受劳动保护。劳务派遣是指由劳务派遣机构与劳动者（派遣劳工）之间依劳动法等法律法规订立劳动合同，把劳动者派向其他用工单位，再由其用工单位向派遣机构支付一笔服务费用的一种用工形式。劳务派遣一般在临时性、辅助性或者替代性的工作岗位上实施。我国《劳动合同法》第六十六条规定：“劳动合同用工是我国的企业基本用工形式。劳务派遣用工是补充形式，只能在临时性、辅助性或者替代性的工作岗位上实施。前款规定的临时性工作岗位是指存续时间不超过六个月的岗位；辅助性工作岗位是指为主营业务岗位提供服务的非主营业务岗位；替代性工作岗位是指用工单位的劳动者因脱产学习、休假等原因无法工作的一定期间内，可以由其他劳动者替代工作的岗位。用工单位应当严格控制劳务派遣用工数量，不得超过其用工总量的一定比例，具体比例由国务院劳动行政部门规定。”两者的主要区别在于，在法律关系主体方面，前者是劳动者与用人单位，后者则涉及劳动者、用工单位和与劳动者之间有劳动关系的劳务派遣单位，劳动者与其工作的单位不是劳动关系。

二是劳动争议与行政争议。劳动争议，是指劳动关系的当事人之间因执行劳动法律、法规和履行劳动合同而发生的纠纷，即劳动者与所在单位之间因劳动关系中的权利义务而发生的纠纷。根据《中华人民共和国劳动争议调解仲裁法》第二条，劳动争议的范围是：（一）因确认劳动关系发生的争议；（二）因订立、履行、变更、解除和终止劳动合同发生的争议；（三）因除名、辞退和辞职、离职发生的争议；（四）因工作时间、休息休假、社会保险、福利、培训以及劳动保护发生的争议；（五）因劳动报酬、工伤医疗费、经济补偿或者赔偿金等发生的争议；（六）法律、法规规定的其他劳动争议。行政争议，是行政主体（主要是行政机关）在实施行政管理活动中与行政相对人之间发生的争议，是作为行政相对人的公民、法人或其他组织针对行政主体实施的行政行为是否合法、是否适当而引起的争议。劳动争议的处理方面，我国的体制为仲裁前置。《劳动争议调解法》第五条规定发生劳动争议，当事人不愿协商、协商不成或者达成和解协议后不履行的，可以向调解组织申请调解；不愿调解、调解不成或者达成调解协议后不履行的，可以向劳动争议仲裁委员会申请仲裁；对仲裁裁决不服的，除本法另有规定的外，可以向人民法院提起诉讼。行政争议的解决则无此相关规定，作为行政相对人一方当事人，除法律另有规定以外，可以选择行政复议或行政诉讼进行解决其行政争议。行政复议、行政诉讼与劳动争议仲裁在性质上均不同，行政复议是行政性质的，是行政系统内部解决争议的机制，行政诉讼是由司法系统解决行政争议，且行政诉讼一般仅审查争议行政行为的合法性，不审查其合理性，诉讼解决争议具有确定的终局性。劳动争议仲裁是专门仲裁机构解决劳动争议的机制。

2. 劳动争议案件经常涉及的争议问题

劳动争议案件常涉及的争议问题有两类，一类是劳动关系认定，既可以是依双方依法签订的劳动合同，也可以是在没有签订劳动合同的情况下，依据国务院劳动行政主管部门的相关规定，符合下列情形的，即视为成立劳动关系：①用人单位和劳动者符合法律、法规规定的主体资格；②用人单位依法制定的各项劳动规章制度适用于劳动者，劳动者受用人单位的劳动管理，从事用人单位安排的有报酬的劳动；③劳动者提供的劳动是用人单位业务的组成部分。劳动者与用人单位之间被认为具备了上述情形，具有了相应的劳动关系，即可依法享有法定的劳动者应当享有的权益。

劳动争议案件常涉及的另一类争议问题是仲裁（或者诉讼）时效问题。时效，本意指在一定时期内能够发生的效用。法律制度上的时效，是指法律所规定的，某种事实状态经过法定时间而产生一定法律后果的法律制度，诉讼时效、仲裁时效即是指，权利人在其权利受到侵害后法律所规定的一定期限，超过了此规定期限，权利人的权利保护主张的诉求将不受来自法院或仲裁机构支持的法律制度。

3. 案件中几个问题的实务认定

一是作为上诉人的劳动者个人与哪个用人单位之间存在劳动关系的问题。这是前提问题，也是案件进一步分析的逻辑起点。案中，劳动者与人力资源公司、人才公司签订有书面的劳动合同，解除劳动关系有书面的解除劳动合同书，在没有其他有力证明的情况下，其劳动关系极易被仲裁、司法机构认定。二是时效问题，在没有法定的时效中止、中断、延长的证据情况下，原合同书中的时间即应被认定为相应的合同解除时间，满一年后，时效即超过。三是劳动争议纠纷提起的争议内容，应当是法定的劳动争议范围内的事项，法定事项以外的可以根据其他法律规定，采用其他方式予以救济。

（点评人：卢显洋，广东石油化工学院文法学院副教授）